新手父母

當了媽媽，更要練習做自己

拋開對完美的執著，找回人生的主導權！

劉淑慧——著

推薦序一

懂得脆弱，才是眞正堅強

——王永福（頂尖職業講師、簡報教練）

人都是當了爸爸媽媽後，才開始學習要怎麼當好爸爸媽媽的。照顧孩子，從來都不是一件容易的事，我也還在摸索中學習，在不斷嘗試中成長。但是，如果挑戰升級了呢？如果，孩子一出生，就缺氧了呢？

跟淑慧第一次見面，是在憲哥說出影響力的演練現場。她有著一口電臺主持人般的標準咬字與發音，正溫柔地訴說著她跟女兒小米及兒子小麥的故事。

淑慧女兒小米因生產過程缺氧導致重度腦性麻痺，需接受長期照護與復健。淑慧毅然辭職，一肩扛起照顧女兒的責任。幾年後兒子出生，她自認給予相同重量的愛。兒子漸漸長大後，有次問她「你是不是比較愛姐姐，你都只陪著姐姐。」聽了，心裡有點難過，但對於懵懵懂懂孩子也無法多說什麼。

歷練總是一次接著一次。某天夜裡，全家一氧化碳中毒，老公與孩子都幾近昏迷，她忍住昏沉與頭痛，打了電話求救。救護車來的時候，她讓另一半先上救護車，接下來馬上面臨更大的難題——車上只剩一個位置，該讓需要更多協助的女兒先上車，還是平時健康卻已經陷入昏迷的兒子先上車？

最後，她忍痛做了決定，讓兒子先上車。雖然後來全家都順利脫離險境，她仍為此經常自責，覺得自己做的不夠多，沒能給女兒更多的關心、更多的愛。

聽著她說的故事，我想到了自己的兩個女兒。

小女兒在小時候，常童言童語問我「爸爸比較愛我，還是愛姐姐？」我總是認真地看著她回答「我四個人都愛！」女兒好奇問我：「哪四個人啊？」我說「我愛你，也愛姐姐、愛媽媽，也愛我自己。」女兒聽了笑開懷。從此之後，只要有人問女兒「你爸爸比較愛誰？」她們的標準的答案一定是「四個人！」

我了解，父母愛兒女，一定是從心而發，沒有區別。但更重要的是，在照顧好家人跟子女時，有沒有記得愛自己。

聽完淑慧的故事後，我只是靜靜地走向前，跟她擁抱一下，然後告訴她「你辛苦了，你做的很好。記得也要對自己好一點，多愛一下自己哦！」

淑慧這本書談到了她照顧小米時的堅強與堅持，甚至還有點倔強與不認輸，當然反應出來的，就是身體的病痛和心中的不舒坦。但我想這本書不僅是要訴說這些，而是讓旁人了解，家中有身心障礙孩子時，父母的心情與照顧者的辛苦。好讓我們更加同理，更知道如何支持這些家長與他們的孩子。如果有機會遇到同樣情形的人，除了給他們一個真心的支持，記得提醒他們「多愛自己一點」。

有時，懂得脆弱，才是真正的堅強。我很感謝淑慧分享了這個，不一樣卻很堅強的人生故事。我誠摯的推薦這本書。

推薦序二

人生被打亂，但沒有被打敗

——王聖儒（輔大附醫兒童急診科主任）

十八年前，一個典型的夏季清晨，一群朋友約了去宜蘭玩，其中包括互不認識的我與淑慧。我負責開車，從後照鏡隱約看到一位纖瘦的女孩，穿著白色衣服，坐上我車的後座。在前往宜蘭的路上，我就被這位有著爽朗笑聲的花蓮女孩所吸引。她就是淑慧，這本書的作者，我的老婆。

那時，我們正好各自結束一段漫長的感情。研究所剛畢業的淑慧，事業上正要嶄露頭角，而我還在服役，每天晚上九點半的電話熱線，是我無論如何都要騰出時間去做的一件事。我在不自覺中，愛上了自信、大方、不做作的淑慧。

我與淑慧有很多共通點，熱愛旅遊是其中一項。她是一個很好的旅伴，事前縝密規劃、旅途中也包容我的隨性。淑慧的高情商讓我們的旅行都是意猶未盡的。交往時，我們就一起走過許多的國家。回想起過去點滴，真的很感謝主，讓淑慧這位最佳旅伴成為我一生的伴侶。

大女兒小米的出生，打亂了我們計畫好的人生，從沒想像過要照顧一個出生沒有呼吸心跳，歷經兩次急救才回復生命跡象，卻留下嚴重腦傷後遺症的孩子。照顧的過程有太多挫敗和打擊，慶幸我們都能一關一關的攜手度過。我總說「小米是上帝給我們夫妻最特別的禮物，因為小米，我們的人生故事有了不同的開展。」

小米出生後八個月，為了讓她接受更好的復健和治療，淑慧辭掉工作，身分從劉女士變王太太。從職場的光鮮亮麗到每天往返醫院、把屎把尿的全職媽媽。但直到讀了這本書，我才知道淑慧經歷了多少糾結與無奈。她透過刻意練習和信念轉變，才活成讓我非常佩服與欣賞的樣子（我的眼光真的沒錯，哈哈）。

在我的眼中，淑慧和很多醫生娘很不一樣，她不追求名牌，也不太跟風，連百貨公司周年慶時間都不知道，常要我提醒她「需要去購物嗎？」陪淑慧逛街讓我更認識她的喜好，但我很珍惜這種陪伴的小確幸。

在別人眼裡，淑慧做起事來精明幹練，是個典型的女獅子（獅子座），但只有我知道她的內心是隻貓。她自信獨立，有主見卻尊重人。我常笑她怎麼老是被小人物小故事感動，但她超強執行力與說做就做的行動力，確實讓我原本冷漠的生活變得有溫度。例如，為山服社的學弟妹辦獎學金、參與共融遊戲場的評選議題、關心偏鄉教育、投入國小生命教育的志工，有事沒事還會辦些公益性質的快閃活動（愛的傳染力行動），並委身在教會兒童牧養工作。

去年淑慧重回職場，選擇的不是她原本熟悉的醫療專業領域，而是投入非營利組織公共關係的工作，從事偏鄉服務。開始上班之後，她常擔心自己不是媒體本科系出身，怕自己不夠專業，怕自己做不好，但我眼中的她，一直就是那個具有影響力的人。她有一種恩賜，就是帶給人「信任」，讓人想要靠近，與她同行。這大概是很多人一直鼓勵她寫書的原因。

我常笑淑慧，為別人的事絕對跑第一，為孩子為我更是如此。一直以來，她給我最多的支持與包容，在我低潮時陪我說話，甚至出面力挺。在我思慮不周時提醒我，讓我不至於忘記對我有恩的人。更在我身體脆弱時，不顧自己先照顧我，二〇一一年的某個晚上，我們一家四口經歷真正的生死邊緣，若非淑慧超乎常人的堅毅，我恐怕沒有機會寫這篇推薦序了。

這段時間淑慧為了完成自己的夢想及對上帝的承諾，原本忙碌的日子，更忙碌了。晚上孩子睡了，就是她寫稿的開始，面對著電腦敲鍵盤，常常在隔天一早看到她趴在書桌或沙發上睡著，心裡充滿不捨。有時候，她會說自己卡住了，有時候她會說自己累了，但她從來不會說不寫了。最後，她做到了。寫書真的不是件容易的事，尤其要寫自己的經歷和改變，我佩服她，也以她為榮。

淑慧的文字就像她的個性，自然、不做作、真誠、有感染力，希望這本書能帶給所有女性讀者力量，也讓男性讀者看完後，像我一樣更懂得珍愛另一半。

推薦序三

人生不該只剩「母親」這個角色

——**許皓宜**（諮商心理師）

和淑慧只有幾面之緣時，就聽說她的人生故事很動人。那陣子，我正在策劃「療癒心球」當季的節目，試探性地邀請她來上節目，沒想到她一口答應。

不訪不相識，經過這一次的訪問，我才開始了解別人口中的淑慧，更知道她的人生才不只動人這麼簡單。那時，我們彼此都覺得對方怎麼可以這麼有信心，連稿子都沒有re，也沒有說好要談些什麼內容，就直接敲定訪談時間。事實證明，對話和交朋友一樣，只要準備一顆真心就夠了。

記得廣播節目一開機，我就對淑慧的聲音表達欣賞，穩定的頻率與充滿磁性的聲調，讓人想靜靜地聽她講下去。沒想到，這個聲音其實是十四年前懷孕時，發生的一種罕見的後天生理現象。那次懷孕也為她帶來一個獨特的孩子。

淑慧與另一半都是學醫的，先生還是醫院的兒科醫生，然而在完全沒有心理準備下，迎來沒有呼吸心跳，一出生就需要插管的孩子，還是相當詫異。本來的滿心期待一瞬間變調，聽起來離奇，但確確實實是發生在她身上的故事。

淑慧的文字和說話的聲音都特別有溫度，她真誠地表達自己不是一百分的媽媽，會有哭泣脆弱的時候，也會有懊惱無奈的時候，更承認在如此特殊的孩子面前，任何父母都可能被打回原型，堅強的武裝完全不管用。

淑慧曾經跟我分享一件事。某一天，她看著重度腦性麻痺、不會說話的女兒小米，天馬行空的想像著，如果在女兒身上裝個跟霍金一樣的翻譯機，讓她能跟外界溝通，那小米會對媽媽說些什麼。她猜，小米或許會說「為什麼是我？」身為一位母親，她大概會這樣回答「因為，你比別人勇敢。」突然間，她感受到小米才是真正承受更多的那個人。身為父母，又怎麼能不追上女兒的勇敢。

對淑慧而言，她的女兒很特殊，卻也沒這麼特殊，她們母女也會做很多一般母女會做的事。就像她認為「愛美」是每個女孩的權利與天性，在多次觀察與測試後，她開始定期帶著女兒上美容院，一起享受做臉與保養的課程。另外，她與先生帶著兒女出國，全家一起去感受這個世界的美好。帶一個多重身心障礙者同行，執行起來真的不容易，卻是幫女兒離開原有世界最簡單的方法。一個人不管生來如何，都應該會有「過得像個人」的本質與渴望。

聽淑慧說的每一個故事，我想告訴她「親愛的，你把孩子照顧得真好。」其實，很多人都是這樣，真的已經很努力，而且也做得已經夠好了。尤其身為母親的人，最重要的就是肯定自己為生命與身分的付出，並相信自己可以做得很好，但千萬不要逼自己做到最好。

人生的全部有「母親」這個角色，但不該只剩下「母親」這個角色。看過這本書，讀懂淑慧的故事，就會知道經營每一個角色延伸出去的關係，是多麼要緊的一件事情，每個角色與每段關係，都能替母親這個角色加分。

推薦序四

除了愛，還有勇氣及智慧

——陳藹玲（富邦文教基金會執行董事）

每一個孩子都是獨一無二的，每一個孩子都是父母人生中最美好的禮物。只是有些特別的孩子，伴隨而來比較多比較難比較不一樣的課題，這些課題往往需要父母更費心更用心，不過，這樣的孩子往往也帶來更多的祝福。

其實，只要有了孩子，做母親就是一輩子的事。

尤其我自己就有四個孩子，很能知道為人母的心情與壓力。當母親的人常常是一刻不得閒，不得不逼著自己一邊做一邊學習，偶爾，為了這個身分還要犧牲掉一點自己的夢想與人生。一般人都是如此，更何況同時有著特殊孩子與正常孩子的母親，每天等著她們的都是不同的任務與挑戰。不論是日常生活、心理或生理層面、人際關係、自我探索、夫妻相處等，都是考驗，也是鍛鍊。

一直以來，淑慧把這樣的母親角色發揮地淋漓盡致，雖然我們之間沒有機會常在一起交流與相處，但從一些共同的老師或朋友間的分享，總是聽到他們對淑慧的讚賞與感動。看了這本書，更了解她不只對大女兒小米用心良苦，對兒子小麥悉心教育，對另一半亦是用心相處，用心經營，才能共同面對世界的現實。

這本書裡看到的，除了愛，還有許多的勇氣及智慧。

一個人要經歷多少，才終於願意放下，不再把母親這個角色無限地放大。在為人母親、為人女兒、為人妻子之外，更要盡情地做自己，才能好好活出屬於自己的精彩。這本書集結了淑慧一路走來的心路歷程，相信可以給所有女性朋友啟發，給所有讀者生命的力量。

多重角色下的不簡單人生

——謝文憲（知名講師、作家、主持人）

您相信緣分嗎？

第一次跟淑慧見面，是在福華文教會館卓越堂，我擔綱其中一場名為〈業務風暴〉的專題演講的講師，透過知名紀錄片《一首搖滾上月球》故事主角巫錦輝（巫爸）的引薦，我認識了她。想起來，不得不相信緣分的安排。畢竟，一場業務型態的演講，配上一對擁有身心障礙者子女的家長，好衝突啊。

當天中午我們一起在圓桌吃飯，我才知道淑慧的家庭與巫爸相似，家裡都有一位特殊兒。一位辛苦的母親，眼神中閃露的是堅毅與光芒。過程中，我們聊到身為基督徒，如何透過信仰的力量讓他們度過難關，及如何透過麥克風與信念，改變世界。是的，我們之間的對話從來沒有悲苦。

如果要我用一句話表達我跟他們相處時的情境，我會說「辛苦的人，常擁有快樂的心。」事實證明「我錯了。」他們不是不悲苦，而是隱藏了起來，或者說「他們不得不隱藏起來。」

過沒多久，我看到淑慧出現在我的課堂裡。堅毅的決心，再度讓我看見身為人母的強大及身為人妻的苦處。訴說與探索，揭露與療癒，成為身心障礙者父母走出黑暗世界的日常。人可以選擇在黑暗裡繼續待著，但也有資格選擇迎向光明，存乎一心。

兩堂課中間會有一個月的成果發表準備期，那段時間她認真參與，別人交一次錄音檔，她就交了好幾次。我可以想像，她每次訴說自己的故事時，那把心中的刀，一次又一次的劃開心裡最深的傷口，一次一次的流血，又一次一次的癒合，直到傷口消失，變成今天大家看到的她。期末，淑慧在課堂上拿到很好的成績，無須博得眾人的同情，單純用她的真誠與真實，就足以撼動所有人。

隨後在我們公司舉辦的 **STEP** 年會活動中，淑慧再度用自己的故事，感動所有人，臺下跟我一起聆聽的，除了我與合夥人及近兩百位同學外，還包括城邦媒體集團首席執行長何飛鵬先生、臺大教授葉丙成先生、永齡基金會劉宥彤執行長等。他們三位都向我表示：「淑慧的堅強，超乎尋常。」

身為女性，同時擁有媽媽、太太、女兒的多重角色，看似醫生娘與高學歷的人生勝利組背後，到底隱藏了什麼令人動容的人生故事，書中都有完整交代。我還是想強調，淑慧無須得到同情，老公一句「你做得很好。」是她最想要的體諒。另外，她學著不再把母親這角色無限放大，而是在各個角色中，取得平衡。

你會喜歡這本書。

作者序

想讓紅海分開，得先插下願意的杖

整本書最難寫的就是這一篇了。原本以為寫一本書，對我而言已經是一大突破，沒想到自己寫序，才是最困難的。

好多人問過我「為什麼會想要寫書？」這些發問的人大概很明白，寫書是一件吃力不討好的事，而我也在親身體驗的過程中，發現確實就是如此啊（哈）。說真的，寫書真的超級累的，累的程度就像當母親，尤其是經常性出現心有餘而力不足的那種無奈。但是為人母親之所以能甘之如飴承擔下來，背後有著一股強大的力量在支撐，這個力量通常是孩子。

支持我寫完一本書的理由很多，而且隨著時間一直在變，但唯一不變的其中一個原因，是我對上帝的承諾。

因為身為兩種身分的母親（一個身心障礙的孩子和一個健康正常的孩子），這一路走來，面臨大風大浪，來回生死邊緣，若不是上帝的恩典，我豈能體會摩西走在紅海分開的那一刻。

我雖然是一個母親，但我知道我並非只能當母親，我還扮演著其他重要的角色，與某些人有著特定的關係。很多人都說，做人真的不容易，確實如此。一個人要如何在經營好各個身分同時，又經營好自己，是必須思考的事。

終究期待這本書不僅適合為人母親者閱讀，更適合所有人在被某個身分壓得喘不過氣的階段，或為某個角色感到無奈無力的當下閱讀。哪怕是只有某一篇裡的某一小段，能帶給人一點點的啟發，我都覺得寫這六七萬字值得了。書裡，我把生命裡扮演的四個重要角色，用一個又一個的小故事串聯起來，希望這些文字能對每一個正在看書的人，產生影響力。

・當母親教我的事

身為一個身心障礙孩子加上一個健康正常孩子的母親，在這樣稍微有點與眾不同的生命經歷中，我紮紮實實學習到了很多的事，也為我帶來心態上與處事上的轉變，這些是我在過去三十年一帆風順的人生中，從來沒有過的體驗。或許我的孩子與你的孩子不一樣，但有很多都是身為母親的人，在養兒育女時、教養課題裡會面臨的困境與疑慮。

・當太太教我的事

人妻，得找到愛人與被愛的平衡。身為一個醫生娘，有著人人稱羨的外在光環加持，但我真的是快樂而幸福的嗎。其實，我跟一般的人妻沒什麼兩樣，與其收到名牌包、高價手機或鑽戒項鍊，得到一份光鮮亮麗的外在包裝，更需要的還是先生一份真心的疼惜。另外，透過幾個私房小故事，我想跟大家說說我和另一半感情加分的相處點滴。

・當女人教我的事

很多女人都有一個壞習慣，習慣在做好其他角色（母親或太太或媳婦）才想到自己，只是這幾個角色都很難達到完美，自然一直等不到「做自己」的那天，我也不例外。當我從原本驕傲的職場舞臺退下成為全職媽媽，疑惑與失落曾經讓我走到憂鬱的邊緣。後來，我嘗試放下「只是媽媽」的自卑，練習和自己相處，把握時間維持實力、讓自己不退步，甚至在十三年後、機會再次來臨時，勇敢地回到職場。

・當女兒教我的事

我之所以能成為現在的我，有力量面對後來人生裡的大風大浪，昂首前行，所有的處世特質與態度，都不得不歸功於我的母親。當我依偎在她的臂膀下，我總是特別的安心與放心。很多過去船過水無痕的日常事件，都是我在當媽媽後，才體會到我媽媽的用心。我從當女兒的經驗裡，學習當母親的反思，這是一個我很少公開但絕對重要的歷程。

書裡頭，每一個故事的事件都是真實發生，每一個故事的角色都是真實存在，帶給我的影響與感受更是真心不騙。這些故事或許能帶給許多女性朋友們不一樣的思維模式，或許也能讓更多男性朋友們去理解女性的處境，並且給予更多的體貼與更多的支持給所愛的她。

寫完這本書之後，我立刻想要跟幾位很照顧我的前輩分享，何社長、憲哥、福哥、藹玲姐、皓宜、書煒、葉老師、克文哥，他們都是我出書的推手，我向他們報告這個好消息，更由衷感謝他們大力支持，甚至為我推薦。或許我不是最會寫書的那個人，但是目前為止，我還是最願意學習並練習突破的那個人。紅海會分開，是需要先站在紅海前，用力插下那一根願意的杖。

謝謝每一位參與此書編輯工作的人。特別是我的責任編輯，謝謝她能看見我文字背後所要傳達的信念。過程中，我磨練的不只是文字表達的技巧，更是一種態度的提升。編輯的工作真的太辛苦了（不亞於一個為母的我）。

最後，我要感謝我的家人們、朋友們，還有一直以來，不論做什麼事，都相信我一定做得到的那個人　我的母親，因為她讓我知道勇敢往前不只是需要勇氣，更需要的是「被愛」與「被相信」。

書終於要出版了，祝福正在翻閱的那個你。

目錄Contents

輯一 當母親教我的事

媽媽不只是媽媽，教養不只在家裡。
先懂得放手，才能讓世界教孩子更多。

目錄Contents

輯二

當太太教我的事

教養不該成為夫妻間的共同興趣。
生命中真正的另一半是先生，不是孩子。

輯三
當女人教我的事
不論被放在什麼位置，不論成家不成家，
興趣不能被犧牲，夢想不能被放掉。

目錄 Contents

前言

終於不再把母親這個角色無限放大

很多女人在成為母親之後，會潛意識地把「母親」這個角色無限放大。大到壓過其他同時存在的身分，大到忘記也是另一個正常孩子的「母親」，大到忽略自己還必須扮演著人家的「太太」、人家的「女兒」，更不用說，愈來愈渺小的「自己」，早已被拋到九霄雲外去了。

曾經，我就是那種為了孩子奮不顧身的母親。

身為兩種完全不同特性孩子的母親，我把自己的地位拉得很高，看得很重，尤其在第一個孩子——小米的眼裡。小米出生時，由於嚴重的腦部缺氧，導致現在的「極重度腦性麻痺」。我因為太害怕而不敢放手，擔心手一旦放開，就會發生抓不到孩子的遺憾，總是覺得任何事情，只有我攬下來做，才能做到最好。當然，世界上沒有最好，只有更好，我為了那個「更好」，身體生病了，心理生病了，甚至連周圍的人也快跟著生病了。

還好，我願意在關鍵時刻正視警訊，找回了一個又一個應該認真經營的角色。而且就在我不再把自己看得這麼不可或缺後，我也開始覺得，小米好像沒這麼「特殊」了。即使她還是那個極重度腦性麻痺的孩子，十幾歲了，依舊（未來恐怕也）不能坐、不能站、不能走、不能講話、不能自己吃飯。

一個人「被需要」是生存的意義之一，就像我還在職場時，因為被需要而能竭盡所能地達成每件交辦的事項，我剛結婚時，因為被需要而盡心盡力學做人妻，生了小米之後，因為被需要而為母則強。只是，像小米這樣特別不能、特別需要他人的女孩，可能成為一個「被需要」的角色嗎。難道她永遠只能接受給予，沒有任何能力「給出去」嗎。

後來，我想到她的「長髮」，我一直堅持的長髮。

曾經有人建議我把小米頭髮剪短一點，才不會這麼麻煩、花時間。可是他們忘了，小米不用補習，不用趕著寫作業寫評量，有的是時間啊，洗完頭之後，可以悠悠哉哉地吹乾、整理。她的長髮經常得到路人的讚美，這是她與人群互動接觸的方式之一。小米總是喜歡搭公車勝於專車接送，每次搭公車都會努力把頭擺地正挺挺的，雙眼靈活地看東看西，還會對稱讚她的人微笑。

小米的頭髮一直被（我）好好照顧著，除了每天清洗潤絲，固定一段時間就會護髮，不染不燙，這樣健康的頭髮很適合捐出去，做為癌症病友的假髮。其實，只要再多一點耐心，再多留長一點（捐頭髮的最短長度限制為三十公分），她就有被社會需要的元素了。

頭髮是小米與外界交流的途徑，
更是祝福他人的工具。

從決定捐頭髮起，我時時刻刻都在期待小米「被需要」的那天，當頭髮留到三十公分時，也是我親自為她剪下。這麼多年以來，小米的頭髮都是我親自修剪，那一次的意義特別不同。第一刀剪下去，小米沒有太大的抗拒，大概是我每天反反覆覆地在她耳邊提醒，說她的頭髮可以祝福別人。倒是我，感動到掉下眼淚，我的女兒不再只是那個「特別不能」的女孩了。

每一個人都在尋找被需要的場合。被需要的重點並不在於能或不能，而是在願意不願意成為那個「我能」。連小米這樣的孩子都可以擔任一個被需要的角色，更何況是一個願意為了孩子而犧牲自己的母親呢。

我開始發現，只要把抓緊的手，稍微鬆開一些些，就能抓到更多的東西，然後再一點一滴找到分屬於每個角色的重要性，找回那一個本來就不應該被忽略的「自己」。因為不再放大母親的角色，讓我逐漸看見其他角色的重要性。

從職場退下的女性，難免會因為少了掌聲而失落。躲在家裡當母親，稱呼只剩某某太太、某某媽媽，真正叫什麼名字好像沒人在意了。這是很多家庭主婦的衝擊，這個衝擊往往讓人愈來愈沒自信，我也是。

身為一個醫師的太太，隱身在先生的光環下，被呵護是一種幸福，學會獨立和自在則是智慧，偶爾讓出廚房給先生表現，則是一種為伴侶創造新可能的練習。然後，即使走入婚姻，女人還是得為一個人的老後做預備，即使回歸家庭，女人還是得維持實力。呵護著兒女的時刻，別忘了反觀自己當女兒時被塑造的原型，將會找到原生家庭在教養路上給予的力量。

媽媽的人生，是非典型的斜槓人生，雖然沒有多重職業，但得享受自己多重身分下的多元生活，而非執著於媽媽這個角色。找回其他角色的地位的目的，不是要加重自己的責任感，更不是要把各個身分發揮地淋漓盡致，而是要練習不偏心地經營各個關係，平衡自己，平衡人生。

輯一

當母親教我的事

媽媽不只是媽媽，教養不只在家裡。
先懂得放手，才能讓世界教孩子更多。

I

以爲只有笑不容易，原來哭也是

女兒以沒有呼吸的方式來到世界，
本來只是單純陪產的先生，
爲前世情人做的第一件事是「急救！」
出生時沒哭的女兒，也不太笑，
後來才知道她不會的事很多，
但障礙並不代表沒有權利享受。

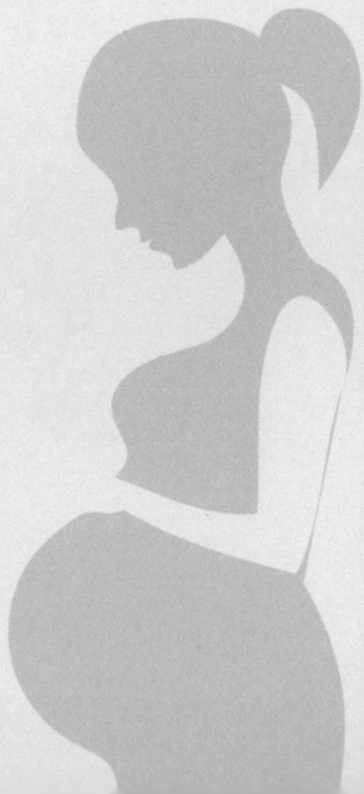

出乎意料的情節：不會哭的新生命

二〇〇四年的夏天，我躺在醫院的生產臺上、用盡全力，要將我的第一個孩子推出體外。或許是用錯力道，我眼球的微血管破裂，眼白布滿血絲，但我還是想盡辦法讓女兒離開了我的身體。

我想，對每一對父母來說，孩子都是獨特的，這是愛孕育出來的小生命，但是我的女兒似乎過於獨特，接下來的情節和我想像的不大一樣——**她沒有哭**。

幾近虛脫的我，等不到醫師把女兒抱到面前，只能用餘光努力地瞄，努力瞄見的是一個全身發黑的小身體，這是缺氧的臨床徵狀。此時此刻，產房內的所有醫師全動起來了，一連串的急救處置瞬間啟動，急救團隊裡包括我的先生——王醫師。

這天他休假，他只是單純進產房陪產。是的，一個父親為前世情人所做的第一件事就是「急救」，盡全力挽救這個一不小心就可能會離開的小生命。

我靠著「只要努力，沒有不可能」的信念拚到醫學院，出社會工作也一路升遷加薪，對我而言，人生中似乎沒有什麼難得倒自己的障礙，女兒小米以「沒有呼吸」的方式出生，打破我對「成功」所有的信念與定義。

剛出生的小米不會哭、不會笑、不會吸奶、不會發出聲音，還出現嚴重的「頑固型癲癇」，這種癲癇要是發作起來，常會停止呼吸，要是次數太頻繁，可能會危及生命安全，是很棘手的狀況。

比起一般新生兒在醫院頂多住個五天、七天，小米整整在醫院住了三周，生命跡象才總算狀況穩定下來。一出院，她就領到「極重度多重身心障礙手冊」，**「腦性麻痺」成了我幫女兒自我介紹的第一句話。**

忐忑的一百八十天：就怕她忘記呼吸

我家沒有迎接新生兒的喜悅，小米出生後的一百八十幾天裡，我、王醫師與小米的阿公阿嬤、外婆，每天二十四小時都提心吊膽，一直注意著她是否還活著，害怕聽到關於她的任何消息，因為壞消息總是多過好消息。

懷孕時，我收集「才藝班」資料，滿心期待女兒來實踐。但出生缺氧後遺症已經造成，且幾乎不可逆，別說才藝班，能不能好好長大都是問題。我撕毀才藝班的資料與簡章，撕毀本來對小米的滿心期待，只能堅強起來。當下唯一的願望，只剩下要她記得呼吸，記得心跳。以後的事，以後再說吧。

我的生活開始被各大醫院就醫與復健教戰手冊占據，像是如何安排復健、如何搶到好的復健時段、哪一位復健師最強最厲害、哪個地方的早期療育中心最熱門最搶手、什麼治療最先進最有效果……。我的心思除了這些，還是這些。

我還是很努力。只是不管我多努力，女兒還是以龜速的方式前進，慢到連笑都不太會。以前在醫學院念解剖學，曾學過笑的動作是由哪些神經、肌肉群連動而產生。還不懂這些專業醫學知識的時候，我早把「笑」當成理所當然的事。想笑就笑，覺得好笑就笑，怎麼現在要女兒「笑一個」都有困難。

棘手的狀況：連吃奶的力氣都沒有

小米的狀況很棘手，發育與發展落後同齡的孩子非常多，大部分的時間就只能癱躺在嬰兒床上。大腦中樞神經系統受損，連帶影響小米的神經傳導與肌肉發育，因此小米的頭頸部無法挺直。

以人類發展學來看，頭頸部能挺直是首要的發展指標，待此處肌肉穩定後才能進行下一階段的軀幹發展，接著才是爬行、步行、跑跳等移動能力。

神經傳導控制肌肉的路徑出了問題，導致小米全身肌肉伸直張力要不過度強化，要不完全無力，只要一伸直張力過度，就會全身僵直，這是她無法控制的情況。連帶發生的是肌肉附著的骨頭變形或攣縮，嚴重的話，還需要開刀處理。

一個人不能控制自己的肌肉，不知道何時該出力伸直，何時該放鬆彎曲，真的很多事情都做不來。小米軀幹無法發展，肢體有著嚴重的障礙。

吸吮也需要靠肌肉的輔助。對一般嬰幼兒來說，使用上下顎、嘴唇及雙頰的肌肉來吸吮乳汁，這是求生的本能，不用特別教，就會。但小米卻吸得很吃力。

小米喝奶需要很長的時間，而且不能一次給太多。她沒有力氣吸奶瓶時，我就用小湯匙，一滴一滴地餵。雖然插鼻胃管進食能給足份量，但醫師鼓勵我們訓練小米從口進食，一餐吃不多，就增加進食頻率，或用高熱量營養品補充。

小米出生後二個月，我的產假告一段落，回公司上班。

我和王醫師決定把小米託給保母照顧，白天送去，晚上接回。保母謹慎又細心，讓我能安心衝事業，期間剛好遇到一個不錯的機會，即將轉職到一家薪水更好，規模更大，職位更能發揮的工作。不過，就在差不多交接完畢，新工作預備上工之際，我決定離開職場。那時，小米八個月。

無助的衝擊：一個孩子我都搞不定

因為王醫師工作要輪班，上下班時間跟其他朝九晚五上班族不大一樣，所以小米不在保母家時（平日晚上我下班後或假日），大部分還是我自己照顧。本來以為早做好當全職媽媽的準備，但突然變成二十四小時都要顧，還是混亂到不行。

一下要餵奶，一下要收拾吐奶殘局，一下要拉筋復健，一下要吃藥，一下要要出門針灸……。好幾次在傍晚覺得肚子餓，才想起自己連早餐都還沒吃。

原本在職場上應付危機處理、規劃專案，突發狀況也能處理地有條不紊的我，如今竟然連一個孩子的生活都搞不定，還把自己活成這副模樣。

正處於事業衝刺階段的王醫師，下班回到家都晚了，沒有多餘的時間與體力幫我分擔，以致我很孤單又很無助。整個人癱坐在沙發上，一邊餵奶一邊流眼淚，是常有的事。我每天都在問自己「離開職場的決定，到底是對還是錯？」

當王醫師見我連自己都顧不好（三餐沒按時、精神狀況差），提出找幫手的建議。他明白我個性好強，一定不會求助，便自己主動聯繫看護仲介，進行申請。

本來我根本不同意，是王醫師一句話點醒了我，他說「照顧小米不是一年二年，是一輩子，你不能冒著倒下的風險逞強。路很長，我們要一起走。」

要「像個正常人」，還是「過得像個人」

離開職場這件事，我是考慮很久才下定決心。那時，我在工作上發揮所學，贏得成就感與掌聲，加上有個好保母幫忙照顧著小米，實在沒理由說走就走。

不過，早期療育愈小年紀開始愈好，三歲以前是腦部發育的黃金時期，這段期間需要更頻繁的復健與治療。保母沒辦法帶小米到處奔波，到各醫院上復健課，這件事情終究還是需要母親自己來。

一年過一年，小米的復健持續進行著。

有天，有位復健師跟我聊起「復健的意義」，他的語重心長，讓我開始去想——**我真正想看到的小米，應該是什麼樣子**。復健師說到自己曾經有一個個案，母親長期帶他來上物理治療課的唯一目標，就是要從「不會走路」晉級到「會走路」。個案的母親一心一意就認定，只要他的孩子認真上課，終有一天能獨立行走。對她而言，獨立行走代表生活可以自主的標竿。

復健師巴不得這個個案能走路，但他的身體機能天生就存在限制，能扶著站立和攙扶著跨步，已經是多年復健以來最大（出人意料）的進展了。幾次復健師考量個案爾後行動時便利性，想訓練他使用電動輪椅，個案母親卻始終婉拒。

其實，復健師理解為人母的難處，誰都不希望自己的孩子永遠要坐輪椅，要是能學會走路，就能離「正常」近一點。復健師也認為，在進步空間極度有限的情況，學會使用電動輪椅，多了自主行動能力，有更多力氣做其他享受生活的事。復健師問我：「復健的終極目標是要『像個正常人』，還是要『過得像個人』？」

復健師的問題，是我從來沒有想過的。我不辭辛勞帶著小米上足每一堂復健課的真正原因，會不會就跟那個個案的媽媽一樣，有著「想讓小米更像正常人」的期待，那我不就在無形中剝奪了她享受其他人生的機會了嗎。

被提點之後，我想通了，也有了不一樣的新目標——**一個人的生命有障礙，不代表他沒有權利獲得有品質的生活**。這一刻起，小米的所有復健，我不再以達到正常人的水準為目標，而是讓她把障礙降到最低，練習過有品質的生活，練習過有尊嚴的人生，以此為基礎，啟動一連串復健之外的練習。

我發現，當標準縮小了，每一個小進步的喜悅似乎就放大了。像是當女兒學會站立後，我不再為她不能走路而哭泣，反而慶幸她能在外出旅行時站著換尿布（躺著換尿布的環境太有限了）。所有練習的動心起念，都是為了讓女兒離開「什麼都做不了的世界」。

2

低潮是爬出生命困境的梯子

事前打再多的預防針，
都避免不了現實的一擊。
人生很難一路都順遂，
小米的障礙是我爬出谷底的梯子。
我打破原本對美的狹隘定義，
發現對生命不放棄也是一種美。

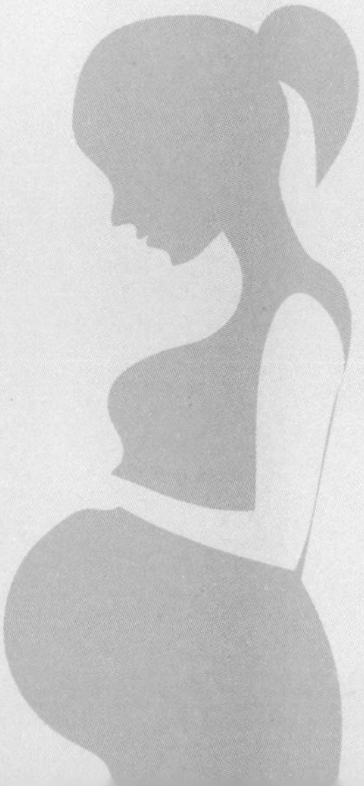

做足心理準備，仍不堪現實一擊

「小米的脊椎側彎角度又比上次再增加了，你們要慎重考慮要不要讓她穿（脊椎）背架了。」復健科醫師緩緩說出女兒這次檢查的結果與建議，這是我一直以來最不想也最不願意面對的事情之一。

由於出生時腦部缺氧嚴重，復健科醫師早告訴我們，小米腦部所受的傷害，致使肌肉神經系統受損嚴重，未來難逃因背部髖部肌肉張力不平衡，發生進行性脊椎側彎，因此需要定期追蹤脊椎側彎狀況，才能及早發現並給予醫療處置。

輔具（如脊椎背架）則能延緩脊椎側彎速度，否則惡化到一定程度，容易對內臟器官造成壓迫，影響臟器功能，甚至關乎生命安全。

除了準時帶小米到醫院報到，做例行的檢查與追蹤，我每天花很多時間在幫她拉筋和按摩，為的就是要舒緩肌肉張力過度。偏偏拉筋舒緩的效果，遠比不上她身體肌肉異常張力產生的力量。

如果說，拉筋舒緩改善的程度是10，那肌肉異常張力的影響就是100，兩者的差距就是這麼多。簡單來說，我們能努力的範圍很有限，總有一天小米還是會面臨肌肉張力不平衡，脊椎彎曲角度變大的無奈。

負責醫師很早就要我們做心理預備了，可是真實面對小米嚴重到要穿輔具的當下，我依然像是第一次聽到這個噩耗，在診間裡，眼淚就撲簌簌地直掉，身旁的王醫師輕輕地拍拍我的肩膀，並開口說話，試圖讓診間裡的空氣再次運轉。

在醫生面前，他就是小米的父親。他理性地詢問醫生，穿背架的任何相關疑問，期待得到完整的建議。我則是整個人陷入自責之中，不想面對。

擔心女兒的不美麗，再也找不到方式彌補

「我到底還有哪裡做得不夠好！」

「為什麼小米還是走上穿背架這條路！」

「硬梆梆的背架一定又不舒服又悶熱！」

「穿著背架要怎麼穿漂亮的衣服啊！」

「我到底是哪個地方還不夠努力？」

我不斷地在心裡對失落的自己發問。走出診間之後，我又哭了一次。我明明知道哭沒有用，可是我就是忍不住淚水。

我總是把小米當成公主般在照顧，渴望用漂亮的外在，彌補（可能也是掩飾）她與生俱來的缺陷與不足。久而久之，我似乎忘記小米之所以美，之所以可愛，之所以被當個公主對待，不單單是穿上洋裝，做了手部保養或頭髮護理而已。

她對生命的勇敢，不也為自己寫下美麗的篇章。經歷幾次難熬的醫療處置，疼痛又枯燥又沒完沒了的復健課程，小米即使哭，也很快止住淚水，咬牙撐下去，反倒是我常不忍心而替她流淚。

一向愛美的我，對於穿著有自己的品味和堅持，加上小時候學過舞，養成一種對身體姿態的要求，像是不駝背是最基本的，走路站立時都習慣縮小腹、挺腰桿、下巴微收、眼神注視前方。或許因為如此，讓我對美麗的定義變得狹隘，也讓我對於女兒歪斜的體態，有一種難以言喻的痛。

原來美麗可以來自對生命的不放棄，就像小米一樣。

穿上硬梆梆的背架，小米原有的女人身形就無法展現了，為了配合背架外框，穿著更加受限，例如，為了要容納背架，需要穿比實際 SIZE 大很多的衣服、上衣長度還得蓋得住背架、衣服不能有腰線設計、不能太合身，這樣一來，有好多典雅優美的連身洋裝都不能穿了。我會買這些洋裝的目的之一，就是希望小米穿上後，可以修飾她身體歪斜造成的「不美麗」。未來穿上背架，等於失去彌補的機會。

人生到了谷底，不代表就無路可走

理性的另一半很重要。要是夫妻倆湊在一起自怨自艾，互相責怪，恐怕只會愈陷愈深，在找不到出口的谷底徘徊。

王醫師對著陷入自責的我，說「你做得夠多了。」同時提醒我「小米的脊椎側彎是必然會發生的歷程，倘若少了你這些年來的努力，可能更提早就彎曲到要開始穿背架了。」最後，還幫我打了一劑強心針「至少小米還可以穿戴背架啊，又不是無路可走，千萬別失去盼望。」

隔天，我們馬上約了輔具廠商為小米量身訂做脊椎背架。

半個月後，小米正式穿上背架。我一邊學習如何幫她穿戴，一邊對著她精神喊話「這是公主的盔甲，只有勇敢的公主才有專屬的盔甲可以穿呢。我們家的小米是勇敢的公主，穿上這件盔甲，接受未來的挑戰吧。」

這段話，其實是要說給我自己聽的。幫小米穿好的那一刻，我不再覺得那是一個殘缺者的輔具，而應該被視為一個勇敢之人的裝備。我打破自己原本對美的價值觀，把對「生命不放棄」的態度，也看成一種美。

人生路上很難一路都順遂，照顧小米更是。幾次我都覺得生命因為小米跌到谷底，拚了命地找，都找不到往上爬的路。曾經我真的以為把小米的障礙降到最低，努力讓一切看起來「正常」，努力讓她跟一般人「差不多」，就是我爬出谷底的方式，但是卻一直徒勞無功，只是從一個谷底走向另一個谷底。先生的幾句話，讓我開始反向思考，小米的困難（障礙）何嘗不是我爬出谷底的梯子。

阻礙是人生路上的一顆大石頭，擋住了往前的路。以前我以為想辦法炸掉這顆石頭，路就平坦好走，人就能順利通過，直到此刻才想明白，這個大石頭不也幫助我站得更高，看得更遠，清楚前方的路況，明白接下來路要怎麼走。若不是這個大石頭，我不會看見另一條更平坦更適合又風景好的路。

3

再怎麼努力，都給不了全世界

我曾是一個極盡所能「給」的母親，
自負夠努力，就能給孩子全世界。
直到愛寶和小米沒有透過語言，
展開超乎想像的友誼與交流，
打破我自以爲最好的教養模式，
並相信放手才能讓世界教孩子更多。

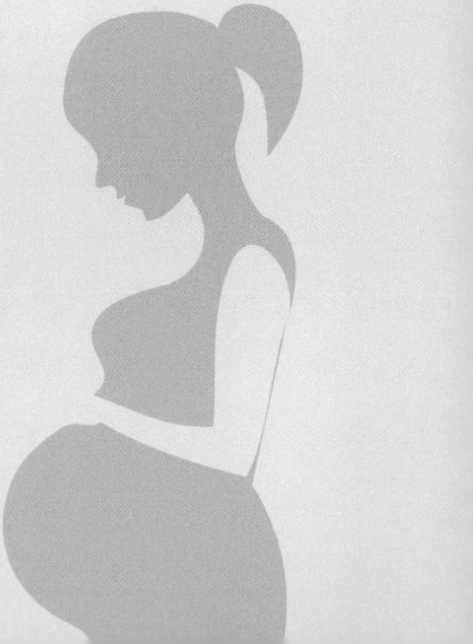

女兒最好的朋友也「不會說話」

愛寶，是一隻雪納瑞，也是小米一年級到六年級的狗醫生。

狗醫生是指受過專業訓練的治療犬。在特教老師的教案設計裡，狗醫師是特教生在學習時的重要夥伴，牠們能增強特殊孩子對課程的學習動機。

七歲那年，學校老師替小米安排一個月二次的狗醫生課程，每堂課四十分鐘。小米跟愛寶一見如故，我跟老師都感覺得出來她很喜歡這堂課。

有愛寶在，小米的學習效果就特別好。

由於手部肌肉張力受限，小米經常需要練習「抓握」動作，或搭配指令抓取東西或放下。平常練習時，她總是很難做到位。

自從愛寶加入這個訓練，老師設計以「小米餵食愛寶的任務」來取代原本枯燥的抓握訓練。小米為了愛寶的肚皮著想，每一次都努力地抓緊食物棒到愛寶面前，再放開食物棒，順利把食物棒遞給愛寶。

一年二年三年幾年過去，小米和愛寶的緊密引起我的好奇，一隻不會說話的雪納瑞，一個不會說話的腦性麻痺女孩，是如何建立起這層關係的。

無法透過口語表達的小米，在碰到自己喜歡或有興趣的人，通常會看著對方、把頭擺正，或發出咿咿呀呀的聲音回應對方說的話，對一個肢體重度障礙的孩子來說，這是很不容易的。誘因不夠強，根本很難讓她主動做出這些行為。

之前，小米接觸小動物的機會不少，不管小兔子還是小狗，她都能表現出喜歡的樣子，她會試著餵食牠們，注視牠們吃東西，僅只於此，沒有長時間接觸。愛寶可以算是第一隻與小米建立情感的動物。

愛寶每兩周會來學校一次，每次上一堂課，大概四十分鐘。每次牠到校服務，都會主動晃到小米輪椅前，要是小米坐在地板上，牠還會直接一屁股坐到小米腿上，一動也不動。夏天時，小米穿著短褲，愛寶坐在她腿上一陣子後，就會在大腿上留下「狗足印」，那樣的足印不知需要多深的信賴感才會產生。

小米對愛寶的獨占性愈來愈誇張，竟在意起愛寶與其他同學相處時間是否超過她。某次愛寶正在協助其他同學完成指令，小米就哀哀叫，似乎是在吃醋說「你怎麼跟別人好，你是我的朋友耶！」直到愛寶回到她的身邊才停止。

有時，老師趁機加強小米的站立訓練，站得穩，才能抱愛寶。為此，小米幾乎用盡全力伸直雙腿雙手。問她「要把愛寶帶回家嗎？」還會擠出一個「好！」來回應。愛寶就像良師益友，牠的輔助讓小米在學習路上更有熱情與意義。

父母給的有限，世界才能給孩子更多

國小六年裡，還是有其他同學向小米示好，例如自願到特教班服務的普通班小天使，他們多會利用午休或中堂下課，到特教班說故事，但這樣的社交關係還是建立在其中一方「會講話」的前提上。

我本來也以為友誼必須建立在語言基礎上，甚至因此忽略小米的社交需求（她無法清楚與人溝通）。後來，才漸漸明白，即使永遠不會說話，還是有「交朋友的機會」，而且真的有個「不會說人話」的朋友，是這麼的喜歡她。

要不是愛寶，我永遠不知道小米需要朋友，也不認為她會有朋友。直到小米主動吸引朋友（愛寶），開啟一連串，連我自己都覺得「不可思議」的價值觀轉換，打破了我原本對朋友的定義。好朋友最重要的是「真心相待」。不論會不會說話、會不會一起玩，就算什麼都不會，還是值得擁有朋友。

一直以來，不論是學業事業，還是生活，我都用盡全力做到最好。當我成為一個媽媽，也很努力，不論是什麼。我和王醫師格外保護小米，極盡所有給她醫療上生活上的供應與支援。準備生第二胎前，我非常猶豫，總覺得自己的愛全給了小米，實在沒有信心可以當另一個孩子的好媽媽。

曾經我極盡所能的「給」，自負可以給孩子全世界。事實證明，我連一個朋友都給不起。還以為把小米「養在無菌室裡」，讓她無憂無慮，以為有爸媽家人老師的愛，就能夠幸福美滿。

直到愛寶和小米沒有透過語言，展開超乎想像的交流，打破我自以為最好的教養模式，我才相信放手，讓孩子接觸世界，她才能獲得更多。

約好時間地點，卻等不到朋友赴約

國小畢業後，偶爾還是會和愛寶這個好朋友一起外出活動，我還和愛寶媽媽約定要一起去看螢火蟲。每年五月是螢火蟲漫天飛舞的季節，二〇一八年總算要履行講了好久的螢火蟲之約了。出發前幾天，我接到愛寶媽媽的電話，得知愛寶過世的消息。我幾乎無法接受，一想到一個真心喜歡女兒的朋友離開，就止不住眼淚。

小米用盡全力，就是為了抱住好朋友愛寶。他們的友誼沒有對話，卻很紮實。

生離死別是生命教育的課題，死亡更是其中很重要的一環。

在孩子的成長過程，難免會有需要經歷這些的時候。可惜父母多半只偏重知識的灌輸，對於生命教育往往避重就輕，能躲就躲，能拖就拖。

面對我的兒子小麥這樣的正常小孩，我功課是做很足的，經常透過新聞議題、繪本、故事書來機會教育，在他有疑問時，也會給予正面且適當的回應。但該不該把小米看成跟小麥一樣，告訴她「愛寶過世」，我還是沒個答案。

我把這個消息先告訴小麥，問問他的看法。小麥說「姐姐一定會超級難過，但她沒辦法說話，難過放在心裡，我們也沒辦法幫她，這樣她心情會變很不好。」

小麥一向有話直說，而今他體會小米的特殊，不只遲疑，還改變原則——「算了，先別告訴她。有天他們在天堂相見時，姐姐還是會看見健康的愛寶。」

從愛寶死亡的生命課題，小麥理解「離開、結束、死亡」會產生痛苦的情緒，拓寬他對原則的解讀，生命教育的面向似乎更廣了，這是「一個生命帶給另一個生命的影響與改變」的教育。我的二個孩子都因為愛寶，更懂得生命的美好和價值。

總有一天，我會告訴小米「愛寶去天堂」這件事，只是目前還不是時候，因為我尚未想好怎麼告訴她「天堂在哪裡？」

4

兒子喜歡的，是媽媽最不愛的

我超怕老鼠，兒子卻求我讓他養，
他準備很周全，我卻爲反對而反對。
我要突破，才能讓孩子明白，
愛不是以「我」或「你」爲出發點，
而是要考量「我們」，
才能發展出屬於我們的新機會。

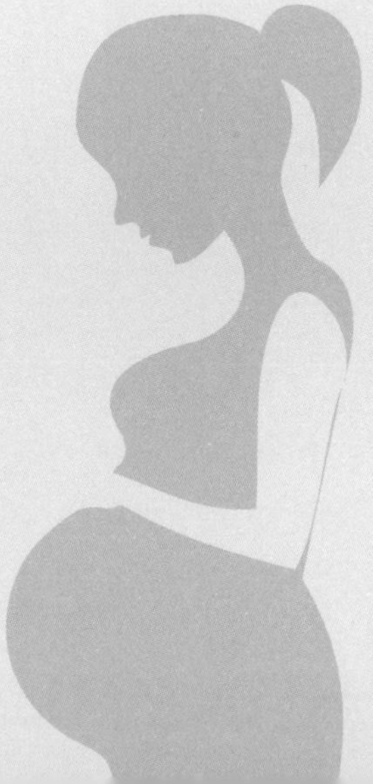

我超怕老鼠，兒子卻堅持養老鼠

「媽咪，我真的很喜歡倉鼠，牠們真的好可愛啊！」

「媽咪，我查好倉鼠需要吃的食物和照顧方法了唷，還有我已經做好心理準備，要自己照顧倉鼠，請你給我一個機會。」

「媽咪，我問過同學『如果倉鼠死掉以後要怎麼辦』，養過的同學說，可以先用小盒子裝起來，再埋在花園裡。」

「媽咪，我到底還要準備什麼，你才可以接受我養倉鼠呢？」……

我多想告訴小麥「兒子，不是你準備不夠，是媽媽沒準備好呀！」

從小我就莫名且異常害怕鼠類，國中時，曾因在家裡廚房看見老鼠呼嘯而過，就將近二個星期不敢踏入廚房半步，沒能幫忙洗碗筷惹得我媽快抓狂，但即便媽媽再生氣、罰我做更多事，我就是不願意自己一個人待在廚房，一秒鐘都不要。我媽大概知道我懼鼠症嚴重，乾脆不叫我做那些可能碰到「鼠輩」的家事。

記得我考上醫學院的時候，媽媽第一時間並不是歡呼或慶祝，反而是擔心起我會不會在課程中因為遇到老鼠實驗而放棄學業。（幸好，讀醫學院那幾年的生物課或解剖課都沒有白老鼠實驗。）

以前小麥養過魚，但是魚就是待在魚缸裡，無法跟他玩，所以他一直想養貓貓狗狗，但家裡空間有限，實在無法養需要較大活動空間的寵物。

後來，他看同學養倉鼠，發現倉鼠待的地方不用太大，又可以一起玩，就千拜託萬拜託，要我讓他養。每隔二、三天，小麥就會提起「想養倉鼠」這件事，持續將近大半年。他明明知道我有多不能接受鼠類。

我也明明知道「養寵物」是一個增加孩子體驗的好方法，特別是可以讓一直害怕「死亡」議題的小麥，有機會親身面對「生死分離」的人生必修課。

過去，家裡之所以沒有養寵物，一方面是空間不足，一方面是怕寵物的叫聲或行動等影響小米的生活與作息。但就如小麥說的「倉鼠小小的，大部分的時間都待在自己的窩裡」，本來擔心的狀況都算排除了，我幹麻還要阻擋。

唉呀，突然之間我成了手足無措的媽媽，到底該怎麼辦才好？

我開始思考自己到底在反對或抗拒什麼，明明是兒子要養，說會自己照顧，就算他最後說話不算話、未盡到照顧責任，我要「處理掉」也是輕而易舉。難道就因為媽媽我不接受，就要剝奪孩子追求快樂幸福的機會。

想到這裡，我腦中浮現的是「婆媳」的畫面。

雖言之過早，還是得預備當人婆婆

當母親是需要練習的，當婆婆則需要預備心態。

許多婆媳關係不太好的家庭，大部分是因為婆婆先入為主的想法，加上她們不願意接受兒子的另一半。不接受的原因，不見得是媳婦不好，而是當婆婆的心態還沒有預備好，還沒有預備好「接受兒子喜歡但自己不一定喜歡」的那種心態。

我既為人媳，也已為人母，很可以明白「婆」與「媳」之間，好關係的建立的重要性與不容易。雖然現在來說還真的言之過早（我兒子才要上國中），但未來我的人生中，有很大的機會需要扮演「婆婆」這個角色，倘若只是因為自己心中的愛恨喜好，莫名地不接受某些人某些事，那豈不是阻礙兒子追求幸福的權利。

「不——」我不能不想也不願自己變成連續劇裡的那種媽媽，但我實在沒信心在兒子娶妻那日，馬上就能轉換成「大方接受兒子喜歡，但自己不一定喜歡」的成熟心態，這對我這樣死腦筋個性的人而言，絕對不是一件容易的事情。

我決定要馬上做這個「婆婆心態」的練習才行。尤其是最近兒子開的話題、我的回應和王醫師的提醒，讓我知道我非常需要為「婆婆心態」做個預備了。

小麥升上五年級後，我見過一個跟他感情還算不錯的女同學，但不知為何，對她印象沒有很好。忘了什麼時候開始，小麥跟我聊天，總有意無意提起這個女同學，而且頻率愈來愈高，老是在讚美她有多好。我聽是聽了，對她的好感沒有什麼增加，常不經意地就說出批評的言詞，好幾次都差點和小麥擦槍走火。

王醫師發現我們母子立場明顯不同，私下問了我一些有關這個女同學的事。

聽了聽我的敘述，王醫師只是淡淡地說：「你應該很清楚，這個女同學沒有什麼不好的地方啊，就是兒子的一個同學罷了，只是可能她長得不得你的緣，或根本是你自己莫名就不喜歡你兒子所喜歡的。」

王醫師的話就像當頭棒喝，我則像極了被說中了心事一樣，完全無法反駁。最後，他還開玩笑地對我說：「你是否要預備一下未來當婆婆的心態了，練習接受兒子喜歡，但自己不一定喜歡的人事物。」

在愛裡沒有委屈，但要設定底線

過幾天，我陪著小麥準備「小幸運」（兒子幫倉鼠起的名字）屋裡木屑和食物的擺放，與所有養倉鼠的事前工作。很多朋友以為我會答應讓小麥養倉鼠，是因為我發現倉鼠有倉鼠的可愛，所以立場一百八十度大轉變。

根本不是啊，我還是覺得鼠類可怕，不懂小倉鼠到底哪裡可愛了，甚至在兒子真的開始養之後，我仍然不敢與「小幸運」四眼相望。

而是我知道，我必須要從「養寵物」這件事情開始練習，即使我目前怕得要命，依舊要陪小麥一起經歷他的喜歡。這是當母親後一種高階的練習。

或許我可以說服小麥改變心意，不要養倉鼠，或直接強勢地拒絕他的請求，這樣一來，事情會變得簡單一點，但是身為一個母親，更重要的是讓孩子明白，愛不應該是一種委屈，更不該是一種強求的關係。

愛不是以「我」或「你」為出發點，而是要以「我們」為出發點。

光是養倉鼠這件事，小麥先是要學會表達所愛，並讓家人理解甚至接納，然後才提出飼養的期望。這些都是需要付上努力與代價的。

例如，他先要搜尋倉鼠的資料（讀書都沒看他這麼認真過），好好把為什麼想養倉鼠、要怎麼養（照顧），及別人會擔心的部分一併預備好，並清楚地表達想法，解開疑慮，讓家人支持他的選擇與決定。而非只是仗著「我是你兒子，我愛的我要的，你們都得接受」的情感位置。

目前為止，我仍無法和小倉鼠有任何親密接觸，頂多幫忙打掃周邊環境，或注意牠的食物與水的儲量是否充足而已，再多，就勉強了。

小麥大概發現我為了他所愛而無害的事，做了一些心態上的調整與改變，還會跟我說「媽媽不一樣了，可以接受的事情愈來愈多了。」這些練習看在小麥和王醫師眼裡，都覺得是了不起的進展了，當然不會勉強我一定要做到和他們一樣的程度。因為我們都學到了，在愛裡沒有委屈，但是要有底線。

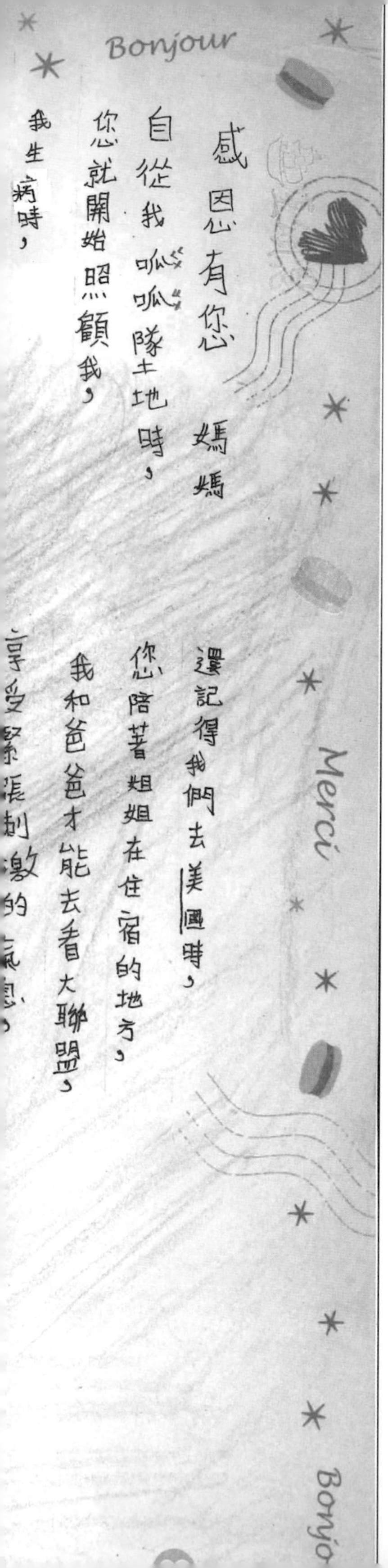
Bonjour
感恩有您
媽媽
自從我呱呱墜地時，
您就開始照顧我，
我生病時，
還記得我們去美國時，
您陪著姐姐在住宿的地方，
我和爸爸才能去看大聯盟，
Merci

做了什麼事，去了哪些地方，都不是重點，
只要有爸媽陪伴，孩子就會放在心裡，成為美好記憶。
這是兒子在學校做的母親節作品。

May joy and happiness fill every minute of your day.

您也不眠不休的照顧我，
也滿足我大部分的要求，
您每天沒日沒夜的看顧我，
我現在一點一滴得長大，
雖然有一點叛逆，
但我不會讓您操心。
還記得在我二年級時，
我們全家去阿拉斯加看極光，
我和爸爸去北極圈，
要不是您在飯店照顧姐姐，
可能我就無法看見世界的美景，

還記得我們每次出去玩時，
臉上的笑容，
都是因為有您。
所以我想說一聲：
「謝謝您——媽媽」

Merci

Bonjour

5 到大學旁聽的那一學期

若上帝能給小米一個機會，
我希望她有「與世界溝通的能力」。
只是她始終是不會說話的小米。
我把自己歸零、重返校園，
我推翻過去設定的溝通的意義，
也推翻母親應該完美的目標。

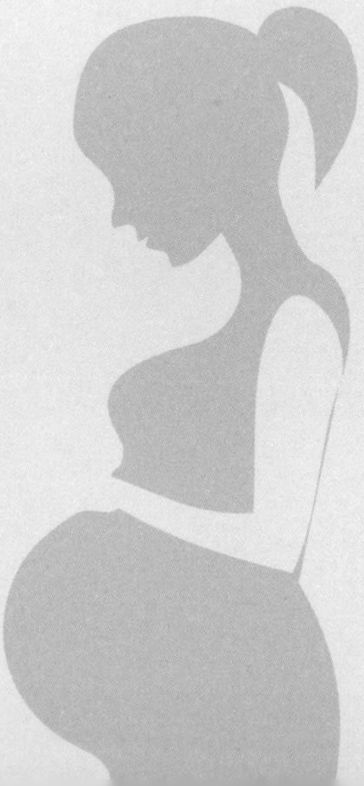

等了十年，才聽到女兒叫「媽」

常有人問我「如果上帝要給小米一個機會，你希望是什麼？」我明確想要的就是「與世界溝通的能力」。因為我捨不得她一輩子活在自己的世界裡，孤孤單單的，我希望她和世界是有交集的。對我而言，「溝通」不就是用語言（說話）、用文字與世界交流，與人取得聯繫嗎。

因為我的「希望」，小米從小到大的復健治療一定會安排「語言治療」的課。無奈小米肌肉張力過高和身體無法自主控制，連帶影響口腔或發聲等器官的運用，所以課上了十多年，一直沒有很大的進展。她還是那個不能說話的小米。

與其說擔心女兒不認識世界，不如說我擔心女兒不認識我，不知道我是她的媽媽。我每天都在渴望她能親口叫我一聲——媽。

小米漸漸地能發出類似「好」的音，已經是她四歲的事情了。又過了好幾年，她才開始會發出類似「媽」的聲音，我當下的興奮與感動是難以言喻的，這是我等了將近十年才終於等到的。即使我不確定小米知不知道「媽」的意義，即使這可能只是她剛好可以發出的聲音而已。

口語表達能力是我很擅長也很有自信的一部分，「說話」對我來說很簡單，甚至連「演講」也不以為難，我幾乎很難想像「說話需要學習或練習」這件事。

直到陪女兒從簡單的口腔肌肉控制、發聲呼吸協調練起，我才體會到「說話真的不是一件容易的事」，一個人可以說話、可以好好說話，不是一種理所當然，而是一種「恩典」，值得珍惜與感謝。

讓自己歸零，才能重新學習

為了重新認識「溝通」的意義和方式，我決定從零開始學習。

二〇一六年，我以將近四十歲的年紀、醫學院碩士的背景，申請進入大學的語言治療學系旁聽，和一群大一新鮮人一起上最基礎的兒童語言發展學。

剛開學，教授就私下提醒我：「這堂課除了語言基礎，我要教的醫學知識幾乎都是你的常識。別以為上這堂課，你的女兒就會從不會說話變成會說話喔。」

我明白教授的擔心，擔心我為了讓小米開口說話，不惜一切代價地逼迫自己（或小米）。我是希望小米開口，但也沒有這麼不可理喻。我告訴教授我的初衷，單純是想透過重新學習，讓自己歸零。

接下來，為期半年、每個星期四下午、連續三個小時的課程，除了一次出國而逼不得已請假缺席外，每一堂課我都是提早到教室，永遠是坐在前三排「搖滾區」的位置，連隨堂小考都沒有因為只是旁聽者的身分而逃避。中堂下課，我也會主動提問或與教授分享當天學習後的回饋。

期末時，教授對我說：「在你身上我看見學習最單純的樣子，希望你學到你想要的了。還有，你是一位很棒的母親！」從剛開學被質疑上課的動機，到學期末被看見單純想要學習的初衷，我彷彿被大力的認可。

像我這樣一開口就不疾不徐講出一段又一段的人，要不是這堂課，根本不知道「說話」原來不只是「開口」這麼簡單，即使是一個有認知的人。

發出一個音，需要啟動好幾個步驟。首先是大腦的認知，還要知道對方或環境的問題，才能決定使用哪些「字彙」與「如何組成」。生理部分則是肚子要用力，嘴巴要張開，氣要出來，同時做到位，才能呈現發出腦袋裡想的。少了其中一步，就算認知知道要給出什麼字詞，也沒辦法讓人理解所要表達的事情。

重新走過這些再基礎不過的語言發展理論後，讓我更能體會也體諒小米語言發展進度極慢的情形，當然就更願意花時間等她，等她把想說的字彙多說幾次，透過練習而發出比較正確的聲音來。

接受不完美孩子，練習當不完美媽媽

以往我總是認為語言的發展是跟隨認知的發展，想要會開口說話，就必須要先有認知，但由於一直無法確認小米的認知程度，所以過去的我，重視認知訓練的課程或復健，希望老師、醫師或復健師能特別幫小米加強這部分。

旁聽的這一學期，透過兒童語言發展的理論，我了解語言只是一種溝通的工具。重新明白「溝通的真正意義」後，才曉得過去自己的執著其實不完全正確。溝通，不是只有說說話而已，「心意相通」才是溝通的最終目的。不一定要發出正確聲音才算溝通，彼此間找到適合對方的模式，也能算是一種成功的溝通。

這些年來，我對小米用盡心盡力陪伴，我們早已經溝通無障礙了。

上帝早就給我那個機會了，長時間與小米相處下來，我們擁有專屬母女的默契，即便沒有「共通」的言語，心意上不見得不能溝通。每次看到小米雙眼靈活地盯著我轉啊轉的，就感到很欣慰，她的無言似乎正在告訴我：「我早就認識妳了，我早就知道妳是我的媽媽了。」

我開始相信她，一定聽得進去，聽得懂我常對她說的：「小米，妳是我的女兒，不論妳是否很會說話，我都會很愛妳。」

這堂課還有額外的收穫。

過去，我不太能體會何為向未知學習的謙卑，以致學成後，難免容易顯出已知的驕傲。與生俱來的學習力，讓我在學習上不用費太大功夫，也漸漸認為「天底下沒有學不會的事情」，不論是什麼，都覺得怎麼可能不會、學就會了等信念，並套用在身為母親的角色上，把自己逼得走上一條通往完美主義的懸崖的路。

後來，我不只知道「事情不是有學就會」，更知道「媽媽不用什麼都會」。

「媽媽」從來都不是孩子一生下來，就能做好的角色，而是需要不斷地刻意地練習與學習，三不五時還要推翻重來，因為永遠都不會知道，前方會有什麼挑戰等著。最重要的是，這不是美術作品、藝術裝置，不需要盡善盡美地呈現，承認自己不是最好的媽媽，但是一定要當孩子最適合的媽媽。

6

彈性中有堅持，堅持中有彈性

孩子沒有我想的單純，
他會摸索一條不會生病（委屈），
又能安全安心地做自己的路。
這是一種放心，也是一種提醒，
提醒我彈性與堅持並重，
但不見得每件事都要保有彈性。

「你就不能假裝一下嗎？」

小麥的社交圈裡，有個「玻璃心」同學，他對任何事情的反應都比常人敏感，偏偏我家小麥很有「個性」，不想說起話做起事都捧著玻璃心，以致常因為惹哭（不遷就）那個同學而被老師糾正指導。小麥三天兩頭就回家抱怨給我聽：「奇怪，他愛哭就愛哭，為什麼我們都要讓他，就算他做錯了，也不能說嗎？」

我一聽再聽，偶爾也會給他一點建議。我的想法很簡單，畢竟都在學校，以和為貴很重要，既然知道他的「點」在哪裡，就不要故意去踩那個點嘛。

我試著告訴小麥，要用不會傷害到「脆弱心靈」的方式來說，才講到一半，就被小麥打斷：「可是，他就是很容易就哭，不管怎樣都會哭！」

「你就不能『假裝一下』嗎。」我忍不住提高了音調，對小麥發出請求。既然都知道這位同學的心靈不是一般的脆弱，幹麻這麼堅持啊。「你就假裝不知道他愛哭，假裝跟他玩一下嘛！」想要勸兒子別這麼堅持做自己，而且「假裝一下」也省得後續有的沒的麻煩，例如，被老師關心。

沒想到，我話才說出口，卻愈說愈小聲，大概是因為我心虛了。我腦海中出現的是小時候一段和媽媽的對話。

媽媽因為工作關係常要到處拜訪客戶，小時候若時間允許，就會帶著我一起去。差不多十歲左右吧，到了一個客戶家，在門口就遇到客戶那個小我兩三歲的小女兒。媽媽不假思索就稱讚「長得好漂亮！」正出門迎接的客戶一聽自然樂不可支。我雖然年紀小，還是判斷出美醜，不自覺盯著那女孩看，看得我滿腦子問號。

「你們大人太假了吧，明明不漂亮，卻要說很漂亮。」一離開客戶的家，我終於把憋很久的話說出來。媽媽一聽，忍不住笑了出來。她說，「是啊，大人有時候是真的很假，但是這樣做，可以讓另一個大人很開心啊。」

小小年紀就懂在彈性中有所堅持

小麥不知道我神遊到童年了。等我回過神，只聽到他悠悠地回了「**假裝久了，是會生病的。**」是啊，我曾經對大人的「假裝」不以為然，如今居然這麼輕易就脫口要求小麥「假裝一下」，自以為是解決問題最容易（省麻煩）的方法。

有其母必有其子，小麥對於我的建議當然只是「聽聽」而已，我知道，要他接受的機率很低。我自然知道自己兒子的個性，沒再多說什麼（說多了也是白搭）。反正就等著看之後的劇情怎麼發展，到時候再見招拆招也不遲。

我發現不必凡事「設想周到」，孩子自會找到最適合的方式來應付。

又一天，小麥回家又講到玻璃心同學的事情。透過小麥的轉述，我得知，玻璃心同學再次仗勢著班上沒有人敢對他怎樣，竟然對著幾個同學口出惡言。還沒等事主報告老師，小麥便仗義執言（果然有其母必有其子），想替幾個同學討回公道，直接糾正他的態度，還要他跟被罵的幾個同學道歉。

聽到這裡，我依照以往經驗早猜到劇情走向了。但還是忍不住好奇，想知道真正的發展，「玻璃心同學是不是又哭了啊？你又被老師處罰了？」

「還好，他沒哭。」兒子一派輕鬆地告訴我，「就算他哭了，老師處罰我的話，頂多就寫個一千個字，這個我還撐得住啦。」

看他這麼處之泰然，我才發現孩子是很有頭腦的，他早就已經把不假裝所需要付出的「代價」，和保有真性情的「堅持」，放在心中的天秤秤過幾輪，並摸索出一條不會讓自己生病（受委屈），又能安全做自己的出路。

對我而言，這是一種安慰，也是一種放心，更是一種提醒。提醒我，在彈性中有所堅持，在堅持中有所彈性，這個道理適用於任何場合與關係，無論職場上還是家庭裡，無論夫妻關係還是親子關係。不過，我也試著想讓他知道，不是每件事都需要彈性，尤其在感到不舒服時，是完完全全不需要彈性的。

結緣與禮貌的取捨——我能選朋友嗎?

某次，我們全家看完電影，站在場外和朋友聊天。不知什麼時候，旁邊來了一個中年男子，一手捧著爆米花，一手拿著飲料，一邊盯著半躺在輪椅裡的小米，甚至不時和同行的友人竊竊私語。

小米的特殊輪椅很常會吸引旁人的目光，對於詫異、關注、同情等關懷眼神，我早就已見怪不怪。原以為對他們視而不見就沒事，沒想到這個中年男子竟直接上前打斷我和朋友的對話，拍拍我的肩膀說：「可以跟妳結個緣嗎？」

「不可以。」我想都沒想，馬上回應。隨即轉頭，繼續和朋友未完的話題。

我以前也對陌生人的「好意」來者不拒，即使已經感受到不舒服。尤其是當所謂的好意，千篇一律都在說小米的狀態是苦難，是因果，是詛咒，是業障的時候，聽在我這個當媽的耳裡全成了惡意。

後來，我試著拋開禮貌的束縛，練習說「不」的勇氣。

小麥也感受到陌生男子的莫名奇妙了。一離開電影院，就緊張兮兮地問「那個人為什麼要跟你講話？」「他講了什麼？」「他一直盯著姐姐，真的很怪！」

我把剛才和陌生男子的對話告訴他，說我「不想跟他結緣」。小麥反問我「什麼是結緣？」我跟他解釋，就是對方想跟我（們）做朋友。小麥眉頭皺得更緊了，「有人說要跟我當朋友，真的可以說不要嗎？」

我告訴他，「當然可以啊，尤其是已經知道哪一些人，才是值得自己花時間和花力氣去交往的朋友時。」

我很明顯感覺到了小麥心中的矛盾，我這個說法可能跟他以前接收到的「禮貌」「友善」相違背。我刻意放慢腳步，一邊和小麥並著肩走回停車場，一邊告訴他：「現在的你，很在意每個人是否都能和你當朋友，甚至巴不得跟每個人都能把你當朋友，這是很正常的想法，但這樣很辛苦，還可能會受傷。」

小麥似懂非懂 double check：「真的——可以不跟我不喜歡的人當朋友？」

我蹲下來，慎重且堅定地告訴他，「我知道拒絕很難，尤其自己的心還不夠強時，特別煎熬。但你會像媽媽一樣，愈來愈堅強。」

我想讓孩子知道的是，朋友是交來讓人生更好的，不是交來氣自己的，不值得結交的朋友，拒絕是第一優先的選擇。這是我花了四十年的時間才明白的道理，是女兒小米用生命教會我的。

7

親子去旅行，看見彼此的需要

教養最大的力道是「身教」，
旅行是做給孩子看的最佳時機。
帶女兒去旅行的衝動念頭，
讓我知道阻礙不見得是障礙。
小米加入旅程，走出原有世界，
我們學習慢遊，看見更美的眼界。

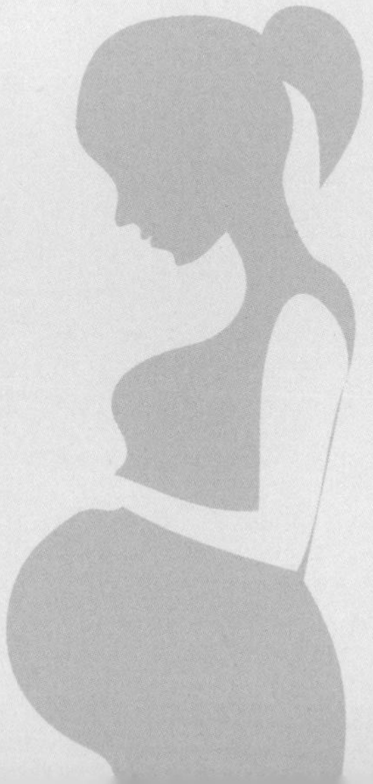

讓孩子知道：無論如何，爸媽都會等他

本以為小米會成為自己人生旅途的障礙，還好「想帶女兒去旅行」的念頭，讓我知道阻礙不見得是障礙。從二〇〇七年四月到二〇一九年一月為止，我們一家四口一起挑戰出國旅遊二十六次，而且經驗值持續增加中。

我和王醫師本來就愛旅行，小米還沒出生前，我們已經一起走過好幾個國家，那時候的旅行，真的就是放鬆，收了行李，跟了團，到處走走看看。突然一個簡單的念頭，我們帶上小米，再帶上小麥，開始有屬於全家人的旅行。

我們一起在阿拉斯加追極光、在赤道以南的島嶼晒太陽、在東京迪士尼看見童話世界。小米會笑了（她的笑容是這麼得來不易），原來世界上還有比「拉小提琴、跳芭蕾舞、演講冠軍」更讓媽媽我覺得有價值的事。

不諱言，障礙不只發生在生活中，也發生在旅途中。

旅行，讓小米用相對簡單的方式離開原有的世界，但對我這個「總策畫」而言，真的是甜蜜的負荷，尤其是前置準備。我們家的旅行都是自由行，顧名思義就是沒有旅行社幫忙安排，交通飯店行程什麼都要自己來。

每次行前打包工作都是由我一手包辦，旅程短則二天一夜，最長則挑戰過十四天，我會想盡辦法把行李濃縮再濃縮，但總是有一個無法壓縮，卻又無法不帶上的物品，那就是小米的專屬馬桶。

小米快兩歲時，我訓練她坐馬桶上廁所。前半年，每天吃完早餐坐上一小時，卻沒有一次成功，但是我仍然持續陪她進行這個練習。只是陪伴，什麼都不做。再過半年，小米開始有幾次坐馬桶解便的經驗，逐漸習慣早餐後要解便的節奏。比起一般孩子三周就可以養成習慣，小米用了將近一年，才建立身體的記憶。後來，雖然不是每次坐每次上，但小米成功在馬桶上如廁的機率慢慢爬升中。

接著，碰到我們籌備第一次出遊的計畫。當時實在傷透腦筋，總覺得為了出遊而中斷好不容易建立（或說還在建立中）的如廁習慣，實在可惜。但也不能為了上大號而放棄難得遠行的機會吧。反覆思量後，我決定帶著馬桶去旅行。

往後每一段旅程，我都會在早餐後，花一段時間陪小米如廁，即使出門在外、環境不熟悉，她需要花更久的時間，我們都願意放慢步調，讓她知道我們會等她，沒有誰會被放棄。比起跟團出遊為了走完每個景點而來匆匆去匆匆，我還得感謝小米給我們這個機會，讓我們慢慢來，看見更多世界的美。

從只顧自己到懂得顧別人的揪團旅行

帶著小米的緣故，要跟團旅行根本是天方夜譚。不論是行動或作息，很可能拖到整個團的既定規劃。人多確實比較熱鬧比較好玩，彼此也能分工合作、互相幫忙，所以我乾脆自己組一個團，而且僅限特殊兒家庭參加的特殊團。這個計畫的動心起念其實很簡單，就只是將心比心，想到自己過去的疑慮，肯定也是很多不敢踏出第一步的特殊兒爸媽的疑慮。

想起還沒帶小米出國前，幾次躍躍欲試，卻很難踏出第一步。最主要原因就是擔心自己的孩子「鋒芒太露」，要承受旁人的異樣眼光。大人內心再強大，面對指指點點依舊會壞了興致，萬一影響小孩心情，更是本末倒置。

我想，一個小米目標很明顯，要是有同樣的伴一起出門，眼光被分散了，多少能分擔一些被強力關注的壓力。沒想到，很多特殊兒父母的想法跟我一樣。

另一個讓很多人裹足不前的因素，就是大人沒有自信在陌生環境把孩子照顧好。出遠門意外本來就多，帶著特殊兒的突發事件可能多一倍以上。但一旦團體出動，遇上困難，同行旅伴可以合作解決，彼此關照，讓困難度降到最低。

我們家的第一次國外旅行，就是在這種方式下開始。

第一次國外旅行經驗非常好，增強我們再次出門的意願。

加上後來有很多特殊兒家庭告訴我們夫妻，想嘗試帶孩子去旅行卻沒有勇氣自助行。為了替這些家長建立信心，於是促成我們後面揪的三個團。

揪團動機很單純，但揪團過程卻很繁複。身為主揪，我扮演的角色有點尷尬又有點矛盾，要適時給其他家長鼓勵，又不能讓他們感覺勉強。

印象中，有個媽媽一直希望能帶孩子去旅行，因為她不能預測孩子的生命未來會如何發展，所以想好好珍惜當下能做的，但她一方面又擔心著，萬一孩子順利地活著，肯定會需要用錢過日子，那旅行是否就變成一種浪費。

其實，我很能理解對現實問題的擔憂或考量，但我也將心比心告訴他「煩惱是無可避免的」，即使是做好做足所有的準備，依然不可能不煩惱孩子的未來，但盡力把眼前的日子過好，何嘗不是規劃人生的方式之一。

這位媽媽考慮一年之後，參加我的第二次揪團。這次旅行是她孩子第一次，也是人生中唯一一次的國外旅行。我想，這對他們家肯定是很珍貴的回憶。

對我們夫妻而言，組這樣特殊的旅行團，從原本單純只是想著「找人一起玩」，變成「幫助人可以出去玩」。由於前兩次揪團根本把自己累翻了，在第三次組團過程中，我一度不太想用過多的力氣在成團與否上，心裡想的是「不想去就不要去啊，我幹麻花這麼多心力溝通，我又不是專辦旅行團的。」

說也奇怪，那晚睡前禱告，有個聲音告訴我「多少家長跨出這一步時，內心有著很多焦慮，同時存在多大的勇氣，你要看見他們的勇敢，帶他們走一段路。」這彷彿讓我找到揪團的意義，揪起團來似乎不再這麼常感到心有餘而力不足了。

出團不只是特殊兒的突破，也是很多家長的突破。例如，過去他們會因為孩子吃飯吃很慢、在外面吃飯很麻煩，而限制了外出用餐或出遠門的機會，因為旅行途中各個家庭互相學習，而不再耿耿於懷孩子是不是吃得夠多，反正外出偶一為之，又不會因為幾餐吃太少而影響整個生命指數，不再執著後，全家人的心才能真正的放輕鬆，擁有外出或旅行想得到的自在。

期待孩子在旅程中學的三件事

小米是我和先生第一個小孩，未出生前，就像一般父母一樣有著想像和期待，想像她吵著要跟我們去這去那，期待她跟我們一起搭飛機看世界。

什麼想像都想過一輪了，但就是沒有想到我們會帶一個重度腦性麻痺的女兒出遠門。即使小米出生了，在真正出發前，我還是想都不敢想，照顧這件事，光在家裡就不容易。以致很多人聽到我們要帶小米出國，就覺得「幹麻自找麻煩。」

愛，不會因為「覺得麻煩」而減少。

為了能帶小米出國，要準備的物品變多，要擔心的事情變多，要考量的意外變多，當變數一個又一個的出現，不變的是，小米是我的孩子，我想讓她體會美好的當下，跟著家人參與其中，而不是被割捨在家裡等。

旅行途中遇到困難時，可能就是秉持這種信念，反而發展出很多意想不到的解決方式，一次又一次地創造我們旅行的新意義。

多數的父母一直用盡全力教孩子做人做事的道理，但往往說的比做的好聽，不是指說的不好，而是忘記「身教」才是最大的教養力道。

旅行不單單只是吃喝玩樂的記憶，還存在教育的意義。二十四小時緊緊靠在一起的家庭時間，親子有更多機會相處，途中的困難或意外或衝突，孩子會看到父母如何面對，看到父母的態度，看到父母的解決方式，這是教孩子的最好時機。

我期待小麥能從旅行中體會到以下三件事情。

即使我不是最完美的，爸媽依然會愛我。

當小麥看著我與王醫師對小米所做的堅持與信念時，盼他能明白，即使是最孱弱的一份子，也同樣能被父母用心對待著，因為一路上他都能看見我們是用行動在愛著他們的。雖然小麥是健康寶寶，但永遠都不會是完美的，即使課業表現不是佼佼者，即使做錯了事，無論如何，父母依然會愛他。

夢想，需要許多練習和堅持的累積。

為了帶著身障的小米出門旅行，體力上需要練習，心態上需要練習，連一般人眼中雞毛蒜皮的小事（如上廁所）都需要演練好幾次。當然，即使充分「預演」幾百次，真正「開演」之後，突發狀況還是會發生。不過，我們始終堅持做練習，困難遇到了就是遇到了，不放棄，就能離夢想更近。

幸福，來自一個又一個克服困難的堆疊。

我們的旅行經常是在預備期就遇到困難，旅途意料之外的窘境更是層出不窮。為了安頓好兩個孩子，只能想辦法，解決一條是一條。當孩子一次次看著父母面對困難的態度，或許能體驗到「克服困難」的意義。這比起「別放棄，再接再厲」的精神喊話更有價值。看著爸媽的付出，他們能感受「幸福的滋味」。

8 兒子從姐姐身上學到的練習本質

在孩子身上投資金錢與時間，
爲了掌聲與成果督促叮嚀，
親子似乎逐漸遺忘學習的本質。
兒子從姐姐的身上學到：
練習爲的是讓自己變好，
即使沒有舞臺，熱情還是在。

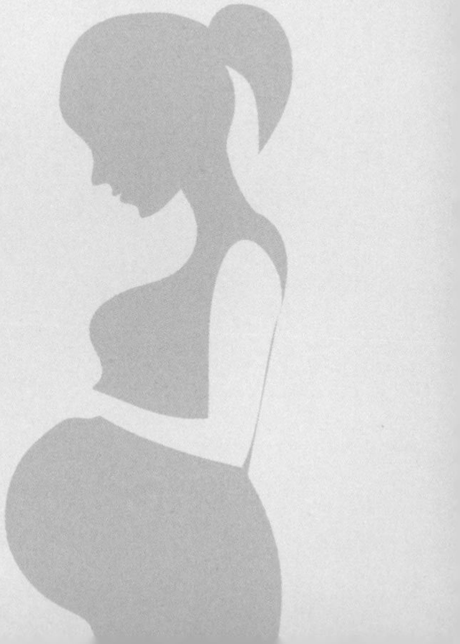

動機太複雜，再多興趣也不是動力

會讓小麥學琴，單純是想讓他接觸音樂，小時候，他學了不少的才藝，但就是一直沒有與音樂相關的。小麥讀的小學剛好有弦樂團，朋友的孩子也在裡頭，就想說不如先讓小麥到樂團裡學，若有興趣再打算也不遲。

原本我們設定的是學小提琴（方便攜帶又不占空間），但是樂團老師看他手的大小還可以，推薦他考慮大提琴，小麥也覺得可以試試看。

為了跟上學校樂團進度，我們額外幫他報名校外才藝班，一星期上課一次，每次五十分鐘，回家則「盡力」練習。一開始，小麥習慣把回家功課寫完再練琴，但他寫功課速度慢，寫完常七晚八晚，練習有一天沒一天。後來乾脆換成先拉琴再寫功課，狀況的確改善不少。但隨著功課量愈大，練琴明顯擠壓他寫功課的時間。

大提琴老師說，小麥音感好，學習力好，但少了一點動機。確實，小麥的練琴意願和心態逐漸遇到瓶頸，他不太想花時間練習，又不想放棄學大提琴。

我常為了練琴問題和小麥生氣，好幾次都要「威脅」加「利誘」才能讓他練一下。但我又不期待他走上音樂家這條路，何必為了練琴而影響我們的關係。

我試著思考，要求小麥練琴的目的是什麼，是為了看到付出的金錢和時間有所成果，但成果只能是既定的那個形式嗎。最後，我發現小麥的練習和小米在復健課程中的練習不就有異曲同工之意，都是「為了孩子好」而付出時間與金錢。

小米的練習真真實實只為自己，沒有一點點為了別人的成分。小麥的練習成果則可以是為了自己，也可以是為別人，但這個比重是能夠調配的。

在我和小麥討論過「為什麼要練習」這件事後，發現這是一個重要且需要確定的方向。比起出國比賽、演奏會與檢定，我更希望他有其他更深刻的感觸。與其逼著他練習，應該要想辦法讓他為自己而練。

在弦樂團裡，大提琴通常都是配角居多，運用節奏與和聲來襯托主旋律，回到家少了主旋律，不成曲調的音符讓小麥練得很痛苦，因為不知道在拉什麼，甚至有點排斥。於是我們決定從學習內容開始調整，讓小麥回到紓壓的初衷，這包括與才藝班的老師溝通，增加一些小麥有興趣的流行歌來當練習曲，並視能力調整演奏方式與難度，漸進式提升程度之餘，保有他學琴的熱情。

小麥的熱情很快就找回來了，練琴不需要三催四請，有時候他寫功課寫煩了，還會主動說要先去拉一下琴，拉那些他正喜歡著的曲目，讓自己開心一下。

特殊兒的反覆練習成爲手足的學習

如果有一種練習需要花很長很長的時間，而且不斷重覆著同一件事，練習再練習，練習又練習，時間久到以「年」為單位。再來，這個練習是無法上臺表演，沒有機會奪金牌，也可能除了身邊的人之外，沒有人看得見。

這樣的練習該不該堅持到底、繼續下去。

我家的小米就是這樣。

出生六個月之後，小米開始接受早期療育的課程，除了肢體復健外，還包括物理治療、職能治療與語言治療，每一周、每一天、每一個固定的動作與步驟，重複練習著，目前已經持續了十四年之久，雖然進步的空間很有限，但未來她還是要繼續練下去，這就是她的「練習人生」。

小麥從出生就知道，他有一個和別人家姐姐不一樣的小米姐姐。他常常在為了課業與才藝焦頭爛額的時候，看見姐姐不用寫功課，不用複習功課，也沒有他最討厭的期中考或期末考。剛開始，兒子也羨慕著小米可以「輕鬆」過日子。

有陣子，小麥常常跟我這樣說：「媽媽，為什麼姐姐這麼好，上完課（復健治療課）之後，回家都不用練習。」

我發現小麥莫名羨慕起小米，以為她是「輕鬆過日子」的人，而且在學習新事物上，難免因此出現一種跟大人「交換條件」的態度。

我開始想要讓小麥有一種學習經驗，那就是做一件重複性的練習很多年，但是並沒有站上舞臺或獲得掌聲的機會的話，他是不是還願意繼續努力與付出，讓自己更精進。乃至找回學習真正的意義，進而不再羨慕任何人，而是做好自己。

很多孩子常常不知道自己為了什麼而學習，他們總是為了父母的心願，以為大人的目標就是他的目標，因此忍不住就會跟父母討價還價，父母則習慣性用利益來誘導孩子學習或練習（考一百分就給你一百元、練鋼琴一小時就能吃點心之類的），在這樣的循環之下，造就孩子一種「有好處才做」的目標導向，而忘記真正的目標永遠是超越自己。

許多時候許多人咬著牙關苦撐練習，是為了做給別人看，得到掌聲，久而久之，很多人就以為這樣的目標設定是絕對的，於是忘記了練習是為了讓自己更好，讓能力培養的更熟練。我期許小麥透過練大提琴的過程，體會世界上有一種練習，不為贏得掌聲（肯定），單單只是為了自己，為了讓自己活得更好，就像小米只關注在例行練習工作，沒有力氣去在意他人的眼光。

每一種練習都不是爲了旁人眼光

和大提琴老師溝通過，調整了授課的模式後，小麥對於大提琴，一直表現出高度的興趣，即使後來因故離開學校的弦樂團，還是持續有在才藝班上個人課，我跟王醫師也樂見其成。

時間久了，小麥開始懂得享受拉琴的樂趣，有時候他在家練習，我們開玩笑嫌他吵，要他不要練了或乾脆不要學了，他總是會馬上反駁，說還要繼續學。

記得有人問過我，「小麥學大提琴這麼久，為什麼沒有參加檢定或比賽？這樣沒有被看見的機會，練習不就變成一種浪費！」

最主要的因素，是我的堅持。我讓小麥學琴，不是為了「晉級」與「舞臺」，能接受的公開演奏場合只有教會或音樂教室而已。因為這不是我想要的，也期待他不要把這個當成唯一目標。

某天，上完大提琴課，我陪小麥走回家的路上，隨口問了他：「你有沒有想過，小米姐姐一直練習著同一組拉筋動作十幾年了，沒有因此會走路或能夠自己吃飯，更何況她又不需要參加跑步或吃飯比賽，幹麻還要一直練習再練習呢？」

「這是屬於小米姐姐的練習啊！雖然別人看起來很無聊，但這樣一直練習下去，她才可以好好活著，跟比賽沒有關係啦！」小麥的回應，簡單卻智慧。

「如果小米姐姐的練習跟比賽無關，不就很無聊嗎，她的日子過得不算有趣吧！」小麥點點頭。我繼續說，「你學大提琴這幾年，雖然沒有為了比賽，但是你依然能持續練下去，就是在體會一種沒有以比賽為誘因的練習……」，話還沒說完，小麥就接著說，「這就像是小米姐姐的練習呀！」

世上有一種人，終其一生的練習，沒有舞臺，沒有獎牌，但是她沒有放棄，因為她的練習單單為了讓自己活得更好更有品質，不是為了別人的眼光或掌聲。

小麥似乎終於讀懂我的心了，愈來愈享受練習大提琴的日子，他不只是理解小米的練習人生，也明白練習的本質。

小麥拉大提琴從來不是為了舞臺。
唯有回到最單純的初衷，才能把練習當享受。

9

在害怕裡，認識更眞實的自己

害怕是一種與生俱來的情緒，
這個情緒本身並沒有對錯。
當孩子把恐懼那一面表現出來，
不要第一時間指責他是魯蛇。
引導他找出眞正的心魔，
把握進一步認識自己的機會。

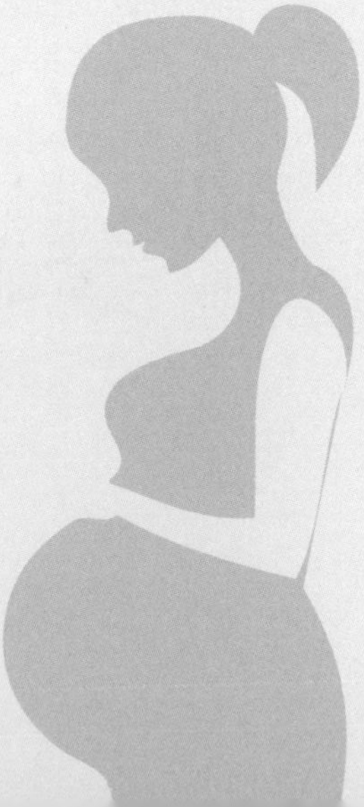

「爲什麼只有我會害怕？」

過年時，帶著孩子回到花蓮老家和親友們相聚，不免也會有「慎終追遠」的機會。當我們大手牽小手到靈骨塔祭悼已過世的長輩，小麥突然把我拉到旁邊去說悄悄話，「媽媽，我會怕。」以前他就問過我骨灰罈的用途，我也正面回應他骨灰罈是存放先人火化後的骨灰的罐子，他知道後心裡老覺得怕怕的。

「可是，為什麼只有我會怕，表弟那麼小都不會怕，你們好像都不怕……，只有我不一樣！」小麥的聲音愈來愈小，一副像是自己做錯什麼事一樣。

我抱住一個自以為錯的孩子，企圖阻止他繼續自我控告。我想讓他知道，害怕是一種情緒反應，情緒本身沒有對或錯，實在不應該因為其他人都不怕（或只是沒表現出來），就覺得自己是錯的，就企圖隱藏或壓抑自己的情緒。

在生活中，大人在面對孩子的恐懼時，很常說「這有什麼好怕的！」「怎麼這麼膽小，不過就是○○而已！」「男生要勇敢一點，怎麼連這個都怕！」

反正不論是有形的無形的，是死的活的，是會動的不會動的，好像只要表現或表達出「害怕」的感覺，就不被接納。

我輕輕地將小麥從懷裡鬆開，看著他，認真地對他說，「你會怕，表弟不怕，並不代表你很奇怪啊，因為每一個人都是獨一無二的。」我很擔心小麥會因為華人世界的強人思維，養成像多數人（尤其是男人）那樣，無法面對自己的恐懼，無法接受自己的感受。

很多人以為要是把真實那一面表現出來，就可能是弱者的象徵，或成了人人口中的「魯蛇（loser）」。其實，我們都知道這個結論不是對的，但是總是習慣在第一時間解決害怕的事，極盡所能不讓害怕發生。

勇敢不是不怕，而是懂得害怕

從小到大，我們聽過好多勇敢的故事，也被賦予要勇敢的使命，難道勇敢只是「不害怕」「力氣強大」或「不能哭」的代名詞嗎。我擔心孩子走向約定俗成的勇敢，而忽略真實面對自己才是勇敢的第一步。

一個人無法面對自己，就沒有勇敢可言。如同小麥願意將他害怕的一面表達出來，即使他覺得自己有點奇怪，有點不一樣，這何嘗不是一種勇敢。但這只是勇敢的首部曲，我還想賦予它一些定義。

勇敢不是不怕，是懂得怕。

從小到大，孩子被教導「凡事不要怕」才是勇敢，不論跌倒、看牙醫、吃藥、開學、遇到很凶的狗、落榜、失戀、失業、生病、開刀都是。只是當孩子覺得「世界上沒有什麼好怕」時，正是我害怕的開始。人因為怕才能謹慎、才懂避開危險、才知道運用智慧，這是一種生物學上的本能，為的是要讓物種得以延續。

勇敢不是逞強，是節制。

小麥常遇到同儕用「你敢不敢做某事」，來判斷一個人勇敢與否，甚至因為小麥不敢接受挑戰而被為難。我常跟孩子說，這時候不見得為了證明自己而去做，而是可以回應對方「我不只敢做，我也敢不做。」勇敢不是逞強來的，而是懂得視能力去節制。很多未成年犯罪都因為激不得而闖禍，同儕朋友講個兩三句，就為了得到認同而不顧一切去做。

勇敢不是全然正向，也不是全然負向。

很多人在當了媽媽之後，會為了保護孩子而壓抑自己，故作堅強，塑造自己勇敢過人的形象，從不在孩子面前顯露出軟弱的表現，或低落的情緒。然而，孩子第一個學習的對象就是媽媽，當他沒有看到媽媽軟弱與低落的一面，自然就看不到如何處理與應對，失去提升挫折接受力的機會。未來在自己遇到相同處境時，可能一籌莫展，可能用錯誤的方式解決。這是孩子對勇敢的誤解，他們會以為勇敢只能全然正向，而忘了還包括接受負向的自己。

勇敢不是利己，而是利他。

有次，小麥幫受委屈的同學做證。他本來有點擔心會得罪其他同儕，但他一想到如果自己受了委屈，卻沒人願意站出來幫他，一定會難過到死，甚至以後都不再相信別人。小麥最後決定挺身而出的關鍵，是「為了自己不算真勇敢，幫了別人才是真勇敢」，這是我常跟他說的。為了自己利益奮力往前，是人的本能，為了別人利益奮力往前，是需要添加勇氣的。

勇敢不是沒有愛，而是最愛。

我的媽媽年紀漸長後，雖然還算健康，卻常交代我和弟弟，說自己日子到的那天，不要插管和進行無謂的急救。一開始，我是害怕的，因為不捨。媽媽告訴我，「一份很深的愛會讓人變勇敢。」而媽媽，我猜應該是外公教她的。

某次回花蓮娘家幫外公過生日，我們聚在一起閒話家常間，九十歲的外公突然主動談起他「身後厝」的事情，他明白了當地說，因為不想讓年輕人有壓力，他自己已經找好塔位，想請我們幫的忙，是讓他以後能和外婆「住」在一起。忍住不捨與不願的情緒，聽他說完他的想法，我說「那個身後厝對你沒什麼用，但對我意義重大，因為你離開後，去的是美好的天堂，而我需要的是一個想念你的地方。」還告訴他，只要他開口，說什麼我都會答應。唯一含在嘴裡沒說的那一句是「你不都是這樣有求必應地呵護我長大的嗎！」

不只如此，我們討論起「生前告別式」。我媽媽說，「就像《追逐日光》寫的，在得知生命即將走到盡頭，反而更能好好利用剩餘的日子。我喜歡！」

這類在多數家庭的禁忌話題，在我家居然被搬上檯面，還在外公過生日的餐桌上，與他本人一起討論。我媽說的「我喜歡！」這個詞，讓我邊笑邊表達心中的訝異，外公也笑翻了。然後，繼續講到要找哪些人參加告別式、要放哪些歌、要不要開放瞻仰儀容等。我們簡直聊開了。

還在醫院工作時，就會看見重症病人在臨終前，家屬想讓病人好好離開（不積極治療），這些決定並非船過水無痕，真心換絕情，而是彼此關係裡的一份最愛，支撐家屬做了最勇敢的決定，讓病人有善終的權利。

恐懼，是更深刻認識自己的機會

不只孩子會有害怕的經驗，大人也有自己的心魔，怕與某個客戶開會、怕去詢問某個主管意見、怕面對婆婆大人、怕拜訪岳父岳母、怕一個人睡覺、怕蟑螂、怕水、怕黑等，人生中或多或少有些「不太勇敢」的時刻。

不過，很常因為身分、年齡、職業等關係，只得假裝堅強，壓抑恐懼，硬著頭皮面對，很少人會對自己的恐懼追根究柢。

我很慶幸兒子能提出「表弟是怎麼想的」「為什麼表弟不會害怕」的疑問，這個問題看似在否定自己的情緒，其實也是接受自己的情緒的第一步，接著應該要引導孩子再問自己「是什麼更深層的原因導致我會害怕這個東西？」

白話一點講，就是「我到底在怕什麼？」——「我真正擔心在意的到底是什麼？」讓孩子能說出自己真正在意的點，才不會一直卡在那，莫名恐懼。一旦說出真正在意的點，會像被敲醒一樣，跳脫一個層次，離開自己膠著於內的泥沼。

我花了一些時間引導小麥說出他真正在意的事。他之所以害怕面對骨灰罈，是因為他害怕死亡，他認為死亡就代表分離、分開、沒有了、不能繼續在一起……，他有著很深地擔憂，但是他說不出口，他不知道該怎麼說才是對的。當他持續把這些情況都解讀為死亡，所有和死亡有關的元素，不只骨灰罈、墳墓、靈骨塔，連喪禮上常使用的歌曲，他都拒絕在日常生活中聽到。

但透過一系列的對話，不只我了解兒子心中所想，他也更認識自己。原來他真正怕的，不是骨灰罈而是別的事物（分離分開的感覺）後，反而能用平常心和大家一起自在地祭祀，而不是刻意隱藏恐懼、假裝沒事勉強自己。

另一個讓我感到更欣慰的是，他不再因此覺得自己膽小，或因為表弟表現出來的情緒不一樣，而感覺自己是異類，甚至否定自己、討厭自己。

認識自己，才會願意接受自己。

害怕，是更深刻的認識自己的機會。

下次當孩子訴說他所害怕的人事物時，別再說「有什麼好怕的？」或要他勇敢一點了，把握這個機會，和孩子一起聊聊「為什麼會害怕？」大人可以主動分享自己的經驗，彼此交流，讓他們願意說願意聊，這些能讓父母更認識自己一些，更認識孩子一些，也幫助孩子更認識自己一些。

10 肩膀骨刺的警訊：是該放下的時候

爲母則強，加上個性好強，
我以爲自己就是神力女超人。
忽略自己是「需要的人」，
捍衛著不必要的自卑假裝堅強。
多留一點空間給自己和孩子，
才曉得我們都沒那麼脆弱不堪。

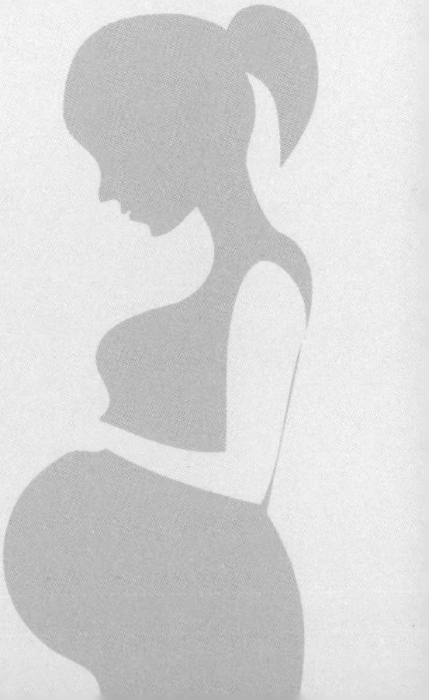

該來的還是會來（只是沒想到這麼快）

「兩邊的肩膀都不太舒服，不是不能往上舉，就是雙手平舉後無法放下，最痛苦的是，半夜雙手從肩膀痛到大小手臂，經常是痛到醒痛到哭……。」

走進復健科的診療室，我向醫師說明自己最近的狀況。其實，疼痛拖好一陣子了，本來以為跟以前一樣，過個幾天應該就會改善，但每天女兒抱上抱下，一抱幾年過去，我的肩膀我的手的使用率真的太高了。

本來我跟王醫師都以為只是頸部神經壓迫的關係。就診後，透過儀器檢查，才知道不是這麼簡單。我的雙肩各有非常明顯的白色亮點，白點就是鈣化。

一般而言，當身體裡的軟組織反覆發炎，就會出現鈣化現象，鈣化增生的組織又會不斷刺激軟組織，造成持續性地發炎，反反覆覆循環下去，狀況通常都會愈來愈嚴重。鈣化絕對不是突然，而是長時間處於受傷狀態下的產物。

「可以開刀切除嗎？」我問醫生，試圖尋求一個最快的治療。

「開刀是一種方式，但引起肌腱組織發炎的環境因素沒有移除，鈣化遲早還是會再出現。」醫師明白我的處境，大概也明白我心中打的那個如意算盤。

醫生說的環境因素，很明顯就是指「抱舉行動不便的女兒」的這件事。打從小米出生，我就開始抱上抱下，隨著她年紀愈來愈大，重量愈來愈重，每一天需要抱舉的次數愈來愈多。我心裡不覺得苦，身體卻開始抗議了。

「鈣化之前，肌腱組織應該都處於發炎狀態，妳難道都不會覺得痛嗎？」對於我能拖到這個地步才就醫，醫生也感到很好奇。

我跟醫生一樣清楚，誰都知道鈣化不是一蹴可幾。

我只能支支吾吾地回應，因為真的不是完全不痛，而是我忍功一流，偶爾痛起來就想說「忍耐」一下，忍個幾次過去，不知道是習慣了還是怎樣，似乎就感覺不那麼痛了，本來我還以為這樣是很正常的。

雖然我自己就是醫學院畢業，另一半又是醫生，但我並沒有積極面對自己身體發出的疼痛訊號，以為只要多休息就會好轉。實際上，也沒多認真休息，常常是忍個半天一天，又忍不住抱小米。由於長期肌肉施力不均或受創，肌腱組織反覆發炎，一拖再拖，在沒有充分休息與治療之下，加上體質、免疫等原因導致鈣沉積在肌腱組織，終究還是引起另一波更嚴重的疼痛。

伴隨而來的是另一道無形的傷

為母則強，加上天生的個性好強，強上加強，讓我以為自己就是神力女超人，不用休息，不用紓壓，不用協助，不用喘一口氣，反正沒有人比我照顧小米照顧地更完好的。小米的事，就是我的事，由我親自處理，就是最好的方式，我不需要旁人（甚至連王醫師都不能）出主意。

記得小米三歲以前，每次都是我親自開車接送她去上復健課與就醫，掛號和報到流程，也是我一手包辦。把她送進教室上課後，我不能休息，而是在一旁學復健動作，就是希望回家後還能帶她多練習。我在車陣中穿梭，在時間裡賽跑，幾次都累到想打瞌睡，只能靠意志力硬撐下來。

幾個家長聽說了，建議我去申請「復康巴士」，省去當司機的辛苦。但那時的我，總覺得要「讓給需要的人去申請」，遲遲沒去辦理。

在小米三歲那年，我因為早產（小麥出生）關係，將近二個月不在家，沒能事先交代看護阿姨照顧小米的事，也沒申請復康巴士的使用資格。她們沒了我，等於沒有腳，又加上我從未放手讓看護阿姨單獨帶小米去上復健課或看診，有許多流程與細節，她都不清楚，導致小米一個多月沒辦法去上課。

我這才驚覺自己的過度努力，到頭來反而成了阻礙小米的絆腳石。做完月子後，我趕緊去申請復康巴士，但還是只願意在逼不得已時才使用。我壓根忘記自己當下的處境，也忘了我就是那些「需要的人」之一。

與其說是忘記，不如說是不想承認吧。

捍衛著不必要的自卑與假裝堅強，逼迫著自己不能示弱，要挺住撐住。那股不必要的自卑，來自我覺得一旦申請復康巴士，就是進入社會補助體系的人。這或許是我一直活在「給」是高人一等，而「受」就是低人一階的錯誤心態裡。

過去的我，一直以為自己的力量就足以應付小米生活上的任何困難，能親手做的，都不想放手給人。例如，幫小米穿襪子，小麥就能做得很好，我卻只因為小麥動作慢，不讓他幫忙。綁頭髮明明可以交給看護阿姨，我也堅持自己來。收輪椅到後車廂這種粗活，該讓王醫師表現的，我也不讓王醫師幫忙。我還巴不得自己就是復健師、醫師，親自幫女兒上課看診。

我不願意坦誠自己已經到達崩潰邊緣，落得身體出現警訊。如今照顧不了小米，反倒掀出我內心真正的傷——承認自己不是個完美的母親。這對一個完美主義者，是多困難的一件事。

從「對不起」到「謝謝你」

「你必須知道自己是有限的，有些事情你是做不來的。」

這是我的母親在知道我的肩膀出狀況時，第一時間告訴我的。她用她自己來舉例，想要開導我，她說自己不曾幫女兒（我）綁辮子，說自己不曾帶著孩子勇征各國去旅行，說自己很少特地接送孩子上下課或看醫生。然後，她問我：「你會因為這些我做不來或很少做的事，責怪我不是個好媽媽嗎？」

是的，我不會。在我眼裡，我的母親是如此的好。

一個深植在我心裡的謊言逐漸被瓦解。

那個謊言就是我始終認定自己，應該是那一個最完美的母親，在育兒（尤其是照顧小米）的路上，我跟過去求學時工作時一樣的拚命與努力，想讓每一個環節的自己都達到百分之百的境界，不容許出現一點閃失與粗心。

然而，心有餘而力不足之後，我才豁然開朗，孩子需要的不是一位十全十美，沒有缺點的母親，他們要的是適合自己的母親。

許多媽媽都和我一樣，即使家裡沒有特殊兒，還是期待能包山包海地照顧孩子，自己做不到的就勉強去做，自己不願意做的就委屈求全。不論哪一種情況，到頭來不只是身體會抗議，心理也會出現陰影。

比起心理層面，生理上治療簡單許多。

我肩膀上的鈣化情況，在前前後後接受近十次的震波治療（即利用體外震波方式，慢慢地把鈣化震至身體可以吸收的大小）後，從X光片上已經看不到白點了。但醫生慎重地告誡我「若不休息，復發機會很高。」

看來是不得不休息了。

我勉為其難把幫小米洗澡、洗頭、吹頭髮、綁頭髮等任務分擔給看護阿姨。一開始要把事情交出去，我很擔心小米不能適應，還預設小米的立場，覺得她一定會生我的氣，因此極度無法諒解自己，一再跟小米道歉，看著「別人」在協助小米，我的愧疚感持續加深，認為自己是一個不夠盡責的媽媽。

不過，幾天過去了，小米似乎沒有任何不舒服或任何不對勁。到頭來，真正會覺得不舒服不對勁的，只有我自己而已。

我把母親的角色無限放大，把自己看得太重要了。

其實，多留一點空間給自己和孩子，才會曉得孩子沒有我想的那麼脆弱不堪，自己也沒有心中想的那麼萬能。尤其看著看護阿姨幫小米綁辮子時，她那種享受的樣子，是我過去從來沒有注意到的。我猜，如果小米會說話，她應該會貼心地說：「媽媽，請給我一個為你分擔的機會吧！」

當我願意承認我的傷不只在肩膀，心裡也有傷痕之後，我對小米不再只是說讓她難受的「對不起」了，而是換成「謝謝你」。

我要謝謝她讓我還有機會可以照顧到一個如此特殊的孩子，即使因為受傷而無法和之前一樣親力親為，我還是盡力在做最適合女兒的母親。想法改變了，我的心似乎就不再愁苦自責，而是多了一份前所未有的舒坦。

當了媽媽之後，眼神總是很難離開孩子。
這是 2017 年，我在總統府代表十大傑出愛心媽媽向總統發表建言。

輯二

當太太教我的事

教養不該成為夫妻間的共同興趣。
生命中真正的另一半是先生，不是孩子。

I

突發「撞」況是最好的情商課

旅行的意外插曲是情緒管理的歷練，
責怪另一半，不會讓事情好轉，
盛怒之下，說的做的都不是好的。
考驗是提升應變能力的機會，
檢視有哪些章節需要再溫習再學習，
最佳獎勵則是讓夫妻關係更契合。

爲搏女一笑，開啓「點烽火」的瘋狂

二〇〇九年七月下旬，我們一家選擇在薰衣草盛開的時節，飛往日本的北海道，展開七天六夜的自駕旅行，也可以說是挑戰。慶幸的是，這次娘家媽媽與我們同行，分擔了不少照顧兩小的壓力。

小米無法行走，視力也不太好，看到的或接觸到的東西，本來就比一般正常的小朋友少，不知道是不是因為這樣，一個簡單的笑容要出現在她臉上都非常難得，我們極盡所能只希望搏「女」一笑，瘋狂到即使用「烽火戲諸侯」的模式，也很值得。獲得女兒的一個笑，就像得到全世界般雀躍。

我最初的想法就是這麼簡單。

既然小米的眼睛不好，就帶她去看看壯闊的自然景色，一望無際、顏色鮮豔的薰衣草田，數大便是美，她「應該」看得清楚了吧，她「應該」會喜歡吧，她「應該」會開心吧，她「應該」會笑吧。

我真的不確定能不能討小米的歡心，我只能確定的是，我很願意為了她賭一把，所以才會不顧成本，選在北海道的旅遊超旺季出發。我膽敢提出這個建議（王醫師居然沒反對），就開始全權策畫這個旅程。

這趟北海道之旅，是我們日本自駕自由行的旅行初體驗。

之前雖然曾經約八個身心障礙家庭組團出國，但大部分東西都是委由旅行社和導遊處理。這次是從排行程、訂機票、訂房、租車等，到當地移動路線、每個景點停留時間、拉車時間，再到景點、飯店與餐廳的無障礙設施查詢等，幾乎是大事小事與雜事，都是由我一手包辦。生活本來就十分忙碌的我，還要上網爬文找資料、詢問有經驗的過來人，出發前，神經已轉到最緊繃的狀態了。

日本當地屬於右邊駕駛，與臺灣所習慣的左邊駕駛完全不同，很難一下子就上手，就算王醫師國內開車經驗很豐富、有著與生俱來的方向感，換到日本右駕的行車規則時，難免還是會有要打方向燈卻不小心開雨刷的情況，加上全家人安危都掌握在他的手中，我猜，他內心的壓力（神經緊繃程度）一定不亞於我。

還好一切平平順順，相安無事，走完前面兩天的行程，（我個人覺得）王醫師差不多（也應該）要適應右駕的行車規則了，哪知道才剛這麼想，隔天就出「撞」況了。第三天一早，用完早餐，整裝完畢，正要離開飯店的停車場，在倒車時，突然「碰！」一聲巨響，車尾直接撞到車位後方的柱子。

這一撞，不只撞裂了後車燈，還撞破了我們抗壓的假象。

繼續困在泥淖，或拍掉沙土往前走

我嚇了好大一跳，趕緊下車查看狀況。

一看見左後方車燈殼破裂，脾氣按捺不住，就對著駕駛座的王醫師半吼著：「日本物價這麼高，這個車燈殼不知道要賠多少錢！」

見他沒回應（我也沒留意到他臉上的焦慮懊悔），回到車上，我更是一股勁兒開始發洩：「你沒看到後面有柱子嗎？車燈都被撞破了！」

個性溫馴內斂的王醫師竟不客氣地吼回來：「看到的話，我會撞上去嗎！」

車上的空氣瞬間凝結，根本就是「山雨欲來風滿樓」，這是暴風雨前的寧靜，下一秒我們夫妻可能就要幹起架來了。

「不要吵了，車燈還能用嗎？」後座突然有個平靜的聲音冒出來，是當時和小麥坐在後座的媽媽。王醫師和我異口同聲的回應「可以！」畢竟只有燈殼破掉，燈基本上是沒有問題的。她又說「那就好了啊！」

我被那句「那就好了啊！」重重地敲醒。對啊，車燈既然還能正常使用，那就好了啊，事情發生就發生了，再彼此追究下去，旅行恐怕就很難再繼續了吧，更何況有誰會明明看到柱子在那，還蓄意撞下去。

王醫師大概也被這句話震懾住了，我們很有默契地收起準備應戰的架式，確認車體其他地方沒有損傷，又開始未來幾天的行程了。

要是沒有突破盲腸的這句話，我們家庭旅行恐怕沒辦法堅持這麼多年了。不論是不是旅行，每一個家庭都會遇到突發狀況，這時候責怪另一半，通常事情不會好轉，只會困在泥淖裡，裹足不前，盛怒之下，說出來的話、做的決定通常都不會是好的。能一起通往未來的關鍵鑰匙，不僅是要彼此包容體諒，還得要攜手合作、相互支持才能達到。

情緒管理的智慧，在家庭經營上很重要。

還好第三人的及時提醒，讓我們夫妻急踩煞車，接下來的四天旅程，心情沒有受到車燈事件影響，甚至最後一天還車時，還得到一個驚喜。

租車公司看過受損狀況後，竟然沒有要求我們賠償，原來第一天租車時，懵懵懂懂加買了「保險」，這些損失剛好是可以理賠的範圍。那一刻，我在先生臉上看到「放心」的表情，他心裡大概跟我一樣，為了此事焦慮好幾天。

攜手面對意外插曲，是最好的情商課

二〇一五年二月，為了全家一起看見極光的夢想，我們挑戰在零下三十幾度的阿拉斯加自駕旅行十二天。旅行到了第五天的下午，正要和同行旅伴從旅館開車去市區採買食材時，竟然找不到車鑰匙。

我和王醫師開始回想前一刻鑰匙到底在誰身上、放到哪裡去、該去哪裡找，企圖找出蛛絲馬跡，偏偏開了一扇羅生門——我記得「前一晚鎖好車門後就把鑰匙給王醫師」，王醫師的記憶卻堅持「沒有拿到鑰匙」。

總之，我們找遍所有外套衣褲的口袋，房間翻了又翻，甚至在零下二三十度、積雪十幾公分的車邊反覆尋找，但是找不到就是找不到。

要是事情發生在以前，我跟王醫師早就大吵一架，陷在怪罪對方的漩渦裡了，其他人的心情難免連帶都受影響。有了先前的經驗，我們知道吵架與責怪都於事無補，共同面對問題絕對比互相指責來得有效。

在車鑰匙「確定失蹤」之後，我回到屋裡把兩個小的（小米和小麥）安頓好，並請同行的朋友協助看顧，王醫師則同步聯絡租車公司，在得知對方有備份鑰匙可以借用，我們請旅館櫃檯幫忙叫了車，就直奔租車公司拿鑰匙了。

旅行會有很多突發狀況，每一個都是練習情商的機會。
這是我們全家到日本自駕旅行，在世界遺產嚴島神社前的留影。

雖然來回奔波，但鑰匙拿到了，事情告一個段落，後面幾天的行程也能好好走下去。唯一心疼的是超出預算的賠償金。心疼歸心疼，轉個念就釋懷了，後來我跟王醫師還會互相調侃，要是沒這個經驗，哪知道阿拉斯加一把鑰匙要這麼貴啊。

很多人說旅行很容易吵架，就是因為突發狀況。但旅行中情緒管理的歷練，不就像一堂又一堂可貴的情商課嗎？

後來帶著孩子去旅行，意外插曲沒有比較少，而且每次的情節都不太一樣，完全沒有預習的可能，不過，我們把這些都當成考驗個人應變能力的機會，更是一場難得的「情緒管理期中考」，檢視自己還有哪些章節需要再溫習、再學習的，這個考試的獎勵是——夫妻感情更契合。

這個方式遠比讀了很多經營人際關係的書，上了很多情緒管理的課，來得有效果。畢竟，直接面對意料之外的事，對於危機處理能力的提升，與情緒管理或溝通等，都有很好的效果。

2

結婚之後，第一次離家出走

盛怒而衝動行事，我離家出走，
媽媽暖心開導與安慰，我逐漸平復。
要先生體諒，也要懂得體諒先生，
製造讓先生體驗太太苦的場合。
家庭旅行是互補互助的機會，
我們從計較誰最苦，到同理對方。

孤軍奮戰的怒氣一觸即發

我和王醫師交往三年多後，才決定一起組織家庭，走入婚姻，以為還算清楚彼此的個性，知道有哪些雷不能互踩，或有哪些毛病是要睜一隻眼閉一隻眼，因為說再多也改不了的。總之，心裡多多少少有些準備。

哪知道，婚姻關係不僅讓身分出現變化，眼光好像變不太一樣，從偶爾住在一起到天天都住在一起，有些差異不需要特別去找，就會一一浮現。

加上小米出生的混亂，我們對另一半的包容力逐漸下降，一點點火星都可能引發大火。我們跟其他夫妻沒兩樣，會互看不順眼，會意見不合，會冷戰，會吵架，我還曾經氣到離家出走，那是我們婚姻第一次遇到極大的風暴。

那天晚上，將近九點了吧，王醫師才進家門。我那時候已經離開職場，全職照顧小米不久。我抱著快滿一歲的小米哄著，一邊詢問王醫師「怎麼現在才回來啊？吃過飯了嗎？幫忙照顧小米一下，我去買個晚餐，等等一起吃。」

『喔，我吃過了。』（他的口氣顯得不悅。）

「你吃過了嗎？」（我沒印象他有說今天要跟同事聚餐。）

『反正回來也沒有飯吃啊，我就在醫院吃完再回來。』

「那你有幫我帶晚餐嗎？我也還沒吃耶！」看到王醫師垂在雙腿外側的手，沒有提任何的食物，不用等他回答我，我也知道答案了。此時此刻，我有一種被遺忘且孤軍奮戰的怒氣正在加溫。

「我一整天都在照顧小米，忙到連自己的午餐都沒辦法煮，還指望靠晚餐來填飽肚子，終於等到你下班回來，想說有個人顧著小米，我能溜出門去買個晚餐，時間雖然晚了點，但我們可以一起吃。現在卻是你自己吃過才回來，完全沒想到我可能因為忙著顧孩子還餓肚子嗎？」我幾近失控地大吼著。

王醫師沒有多說什麼，臉上沒什麼表情，可能被我激烈的反應嚇到，可能有著一種「自己也沒多好過啊」的委屈，可能不被太太重視的怒氣正在醞釀，可能覺得自己的太太不夠稱職，迎接他回家的都是空餐桌。

千百個猜測在他與我的心中，各自發酵。

有人說，盛怒之下千萬不要做決定，因為一個人在生氣時，智商只有五歲而已。所言不假，當下我就下了一個衝動的決定——我要離開這個家。

我翻箱倒櫃，收拾起小米的衣服和藥物，任何她生活上需要用的東西。接著，我就一手抱著小米，一手提著行李袋準備出門。

在門口穿鞋時，王醫師一把就從我的懷裡抱走小米，氣頭上的他，居然沒有叫我留下，只說「要走你自己走，孩子要留下來。」我不想孩子受傷，所以就不跟他拉扯，我自己一個人衝出家門。那一刻已經晚上九點十點了。

「我可以去哪裡？」我真的不知道。要回娘家嗎，但媽媽會不會因此擔心我。要去朋友家嗎，但我這個樣子朋友會怎麼想。想來想去，我決定在附近的公園涼亭坐一會兒，先大哭一場再說。

我想要先生體諒，卻很少體諒先生

十幾分鐘後，我的手機響了，居然不是王醫師，而是我的媽媽。我的媽媽住在花蓮老家，她一向作息都很規律，幾乎每天都早早就寢，怎麼會在這個時間點打電話找我。接起電話前，腦中不免閃過幾個疑惑：

「是花蓮家裡發生什麼大事了嗎？」

「還是王醫師打去娘家跟我媽媽求救呢？」

「難道媽媽是要來當王醫師的說客？」……

『你在哪裡？』（媽媽怎麼知道我沒有待在家啊。）
「喔，我在家附近公園的涼亭。」（都這個時候，不能騙媽媽了。）
『你吃飯了嗎？』（世上就只有媽媽關心我肚子餓不餓。）
「我還沒吃。」（本來想忍著，還是對著電話哭起來。）

原來，是媽媽打電話到家裡找我找不到，王醫師只好告訴媽媽我跑出去的事，雖然我是不知道王醫師是如何形容我們夫妻間的激烈戰局，但是媽媽一口就答應他，會想辦法聯絡上我，還請王醫師放心，先把小米照顧好。（咦，我媽怎麼都沒先把女婿臭罵一頓，還跟他站在同一陣線的感覺啊。）

聽到媽媽的聲音，我就好像在汪洋裡抓到浮板，把憋在心中的苦水，一股腦兒全部吐了出來。媽媽在電話的那一頭，聽著我訴說著自己從小米出生後，渾渾噩噩的生活與日子，及不被王醫師同理的委屈與孤單。

媽媽沒有跟著我一起抱怨，她只是靜靜地聽，然後適時地給我溫暖的回應。至今我都記得的一句話，她說：「我懂，我都知道，但是妳也要記得吃飯，記得要照顧好自己，妳不只是小米的媽媽，也是我的女兒耶，妳要知道，妳怎麼樣捨不得小米，我就會怎麼樣的捨不得妳。」

媽媽在電話中勸我，要理解王醫師無法體會二十四小時全心照顧小米的辛苦和困難，因為他沒有像我一樣長時間照顧的機會。也提醒我，身為一家之主的王醫師，同樣需要太太的關心與照顧，即使他嘴巴上沒說。

『為了這個家，你們夫妻二個都很辛苦。』媽媽講的話，總是如此讓人感到信服，十幾分鐘過去，我的心情逐漸平復下來。最後，媽媽要我回家前記得先去吃點東西，別老是忽略另一個媽媽也會擔心女兒的心情。

說也奇怪，幾個小時的出走，似乎起了不小的化學作用。

即使人在醫院上班，王醫師開始會主動撥空打電話回家問候我，可能只是想知道我午餐吃了沒，或吃了些什麼。沒有值班的日子，他則會盡量早一點離開醫院，下班回家，為的就是接手照顧小米的工作，好讓我有充分的時間可以轉換心情，煮頓簡單的晚餐，夫妻一起享用。時間晚的話，他要不就乾脆直接帶個便當或便菜回來，省去我料理晚餐的麻煩。

王醫師上班時間仍然很長，我照顧小米依舊忙到不可開交，但王醫師似乎可以體諒我的雙重身分，既是混亂的媽媽，也是自顧不暇的妻子。

製造機會讓先生體驗當媽的苦

王醫師真正知道二十四小時照顧小米的難處，是我們第一次的國內旅行，那時小麥還沒出生，我們夫妻自己帶著小米去花蓮。

三天兩夜的旅行，小米的每一餐餵食，每一片尿布更換，每一個癲癇發作，每一個不知為何的哭鬧，每一次餵藥與限制等，一連串的事情，雖然不見得都需要王醫師親手處理或單獨面對，但他需要分攤比平常更多。一切的一切都發生在他的眼皮底下，他愈加明白我平常所經歷的，到底是什麼樣的生活節奏。

這讓他更能理解我的疲累，像是小米半夜有動靜（哭鬧），他會主動去處理，盡量不吵醒我。另外，照顧小米的經驗，讓他在臨床醫療上，能給予身障孩子的父母更多的同理與幫助。

常有人跟我抱怨另一半老是覺得待在家裡照顧小孩，是一件很輕鬆的事，完全無法體諒全職媽媽的處境與無助。以前我也為此生氣，如今我知道方法了，那就是製造機會讓另一半體驗看看，有時候不是他沒想到，而是他真的想不到。

讓對方二十四小時，甚至更長的時間和（全職）媽媽一起過日子，親自感受全職媽媽的每一分每一秒，其中「全家一起旅行」就是一種方式。

很多人會說，連好朋友都會因為旅行而鬧翻，何況是家人，萬一真的鬧翻，吵得更凶要怎麼辦。有一個不鬧翻的訣竅就是「善用互補」。

例如，在外旅行用餐時，王醫師吃飯速度比較快，就讓他先吃，我專心餵小米，王醫師吃完，小米差不多吃飽，再由王醫師看顧小米，我再慢慢用餐。另外，我們通常是自駕旅行，王醫師開車技術好，白天他負責開車時，我正好利用這段時間休息一下，晚上小米需要照顧的部分就由我來，換他好好休息。

體諒是互相的，不能只要求對方做到，卻沒考慮到他的心情，夫妻之間，更應該要如此，才能走得長，走得久。慶幸我們夫妻兩個，從一開始彼此計較誰是最辛苦，最委屈，到同理對方的處境，與看見對方的付出，逐漸願意主動給予協助，並善用彼此的特質來互補生活中的困難。

直到目前為止，我還是覺得「家庭旅行」是個很自然而然的方法，至少比「離家出走」這種太衝動的決定來的不傷人也有實質效果。

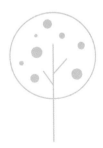

3

從學做菜體會的人生哲學

我媽順手拈來就是一桌好菜，
我繼承她的DNA，卻沒遺傳到好手藝。
爲了有媽媽味道的年菜報名烹飪課，
意外被老師揭穿「很怕失敗」。
輸不起的壓力讓我停滯不前，
做菜應該自在，而不是充滿規範。

很會做菜的媽媽，討厭做菜的我

我有一個很會料理食物的母親，她很喜歡料理這件事，對她而言，做菜不是家庭例行公事，而是一種享受，偏偏我一點都沒有得到她的遺傳或薰陶。

料理是母親與生俱來的能力，也是興趣，煮飯炒菜忙歸忙，卻沒什麼壓力，可能還是生活上的調適劑。她除了三兩下就能煮出一桌好菜來宴客，還去考了丙級廚師執照，她常常跟我們這些孩子說，「考照的目的不是要證明自己多厲害，只是想要告訴孩子，只要願意，興趣或嗜好可以精進為專長。」

媽媽開過小吃攤，但就是做興趣，主要目標不是賺錢，而是想要用好吃的東西交朋友，盼望有更多人吃到她做的料理。之前，因為小孫子喜歡吃雷神巧克力，媽媽竟然想盡辦法研究，做出口感類似的甜點，這種吃過就會做的料理天分，讓她成為孫子心目中的「超神阿嬤」。

可惜的是，我身上流著媽媽的血，繼承著她的DNA，卻沒有像到她會料理的這部分。不過，我的母親倒從來沒有勉強我進廚房學習料理上的事，大概是她覺得做飯不是女人應盡的本分，既然知道我對煮東西沒興趣，就選擇尊重我的喜好。但還好家事我還是會做，尤其喜歡洗碗。

跟王醫師在交往時，我一天到晚都在打預防針，說自己不會料理，對烹飪一竅不通。他以為我說的「不會料理」是謙虛，應該少說會一些簡單的家常菜，反正他本來也不期待大魚大肉，能溫飽就好。直到婚後，王醫師才見識到我的料理功力，居然是連炒青菜都不知道青菜到底熟了沒的程度，不然就是煮一塊肉用筷子來檢查熟度，一戳再戳，戳到肉都已經「千瘡百孔」，還在問「到底熟了沒？」

偶爾想做點愛妻料理，只能跟母親求救。母親能教的很多，但我的慧根有限，她理解我的「不會」，教我很多撇步。像是炒青菜，就預留一根青菜不要下鍋，才能比對鍋裡的菜變色了沒，這樣就不會因為無法分辨青色差異，把整鍋青菜炒爛。

多虧母親幫忙與先生孩子體諒，家裡雖然不常開伙，還是有幾道馬馬虎虎的菜端得上桌。即使公婆偶爾來訪，他們也很給面子，吃得很開心。

做菜應該自在，而不是充滿規範

婚後第四年，我終於願意去上「烹飪課」了。

當時，我全職在家照顧小米，空閒的時間很瑣碎，媽媽住得遠，不可能隨時Stand by 讓我發問，我索性買了幾本食譜，想說逮到機會就來練習。

但沒過多久，我就徹底放棄從食譜學做菜了。因為我老是被食譜考倒，例如「蔥薑蒜少許爆香」的「少許」到底是多少，偏偏這類步驟一般食譜都不會解說得太精細。幾乎在每道菜的前幾個步驟就把我打敗，上網查資料的時間，都比練習的時間多了，我知道看食譜學做菜的這條路是走不下去了。

之所以一直拖到婚後第四年，才願意去上烹飪課，是因為花錢去學習一件我不喜歡的事，根本違背我的人生原則。突然打破原則，不是我突然對煮東西有興趣，而是我有一個目標，就是親手做一頓「像樣」的年夜飯給家人吃。

不然，前幾年的年夜飯都是買現成的年菜為主，頂多加幾道如「煎蘿蔔糕」的方便菜，幾年過去，總覺得這樣的年夜飯少了媽媽的味道。另一方面，我希望孩子記憶裡的年夜飯是讓人懷念的滋味，讓他記得家永遠是黏住人的地方。

我火速上網搜尋到一個私廚教室正好要開中式年菜的課，就報名了。

記得教到某一道菜時，我對於先放薑還是先放蒜，腦袋中冒出一個又一個的問題，「為什麼要先放薑而不是先放蒜？」「薑蒜可以同時放下去嗎？」「順序不一樣的話，味道會有什麼差別嗎？」老師沒有正面回答我的疑問，反而是笑著問我，「你是不是以為順序錯了，菜就失敗了——你，很怕失敗嗎？」

老師一邊示範，一邊解釋「先放薑還是先放蒜，沒有一定標準，就看廚師想要呈現什麼滋味，而滋味本身沒有標準，只有喜好與習慣。你本來是不是不喜歡做菜？」老師抬起頭，看著我說，我像被人看穿似的臉紅起來。

他繼續說，「做菜就像人生一樣，沒有標準步驟，也沒有所謂的成不成功，最終目的只是品嘗的人喜歡不喜歡這個滋味。做菜應該是要很自在，而不是充滿規範，人生也是在尋找自在的過程。」

害怕失敗會讓人停滯不前

一堂烹飪課，領悟不少人生的哲理。原以為學了一桌年菜回家就夠了，後來不只學會了技巧，更有價值的是，烹飪老師的一席話，讓我愈加了解自己。

「你，很怕失敗嗎？」我認真想了又想這個問題。我為什麼不喜歡烹飪這件事，難道真的是因為——我沒有把握，我擔心失敗。

其實，我未必不喜歡烹飪，而是不喜歡失敗的感覺。當這樣的感覺持續地被強化，愈是如此，愈是謹慎，愈是綁手綁腳，最後難免對烹飪產生反感。

我恍然大悟。烹飪老師說得對，「家庭煮婦」要先學的是找回「自在」，才能學好「煮菜」。若糾結在步驟應怎樣才對，食材怎麼買或去哪買才對，調味怎麼下才對，花一堆腦袋、心思與時間來確認怎樣才對，侷限了料理，更侷限了人生。

要當好太太，先當好自己。

去烹飪教室報名學做菜，最初目的只是想把「太太」的功能補強，但是卻因此發現另一面不足的「自己」。當一個好太太之前，認清自己很重要，挪除害怕失敗的自己，把自己當好，再來才是當好太太。

一個人在步入中年以後，很容易侷限在過去人生的成功與光環，因而開始擔心焦慮於「失敗」的發生，一股「輸不起」的意念時時刻刻壓在心頭，導致學習上有很大的阻礙，甚至無法再創精彩人生的可能。

後來，我發現自己好像不那麼排斥做菜了，或說是不再排斥做出失敗的料理了，當然就不再汲汲營營去刻意學習烹飪的技巧。

上完年菜烹飪課程，我前前後後又上了二堂烹飪課，這兩次沒有煮一桌好菜的偉大情操，純粹是因為自己喜歡日式料理與法式鄉村料理而報名，學的當下，少了第一次上課這麼明確的目的性，但過程卻更得心應手，悠然自在。

4 煎牛排不難，但我就是不想學會

我學不會的，老公一試上手，
煎牛排是他專屬，誰都不能搶。
廚房則成了他的新舞臺，
找回自信，找到過日子新動力。
我學著擱下督促過度的鞭子，
不再執著於滿分的太太角色。

明明沒那麼難，我卻始終做不來

「哇，爸爸煎的牛排實在是太好吃喔！」

兒子小麥一邊吃著那份剛煎好的五分熟菲力牛肉，一邊誇張地發出驚呼加讚嘆，看來他對於他老爸第一次下廚的成果相當滿意，對這項從來沒在我家餐桌上出現的料理讚不絕口，邊吃還天真地邊問我這個當媽媽的「煎牛排連爸爸都會，妳怎麼不會啊？」實在讓我有點哭笑不得。

結婚幾年以來，我對做菜的興趣雖然沒什麼提升，但烹煮功力慢慢地進步中，唯獨「煎牛排」這門功夫，一直無法有多大的進展。

很奇怪，我經手的牛肉料理都很難下嚥，稍微還能駕馭的牛肉料理，只剩燉牛肉而已。不過，牛肉是個何其美味的食材，光是燉牛肉，哪夠滿足王醫師和兒子的味蕾。偏偏我家情況特殊，又不是想吃隨時可以出門去吃。

某一天，休假在家的王醫師不知道哪裡來的靈感，決定求人不如求己，要自己親手來試一試「煎牛排」到底有多難。於是一個從未下過廚的男人，開啟了他的新的可能，也改變了我們夫妻之間微妙的關係。

王醫師的理科腦影響程度比我更深更廣，尤其是針對一件他從來沒有做過的事情。他上網搜尋一堆資訊，從專業級的廚師教學，到一般部落客的心得分享，然後把這些方法一一研究分析，統整歸納，什麼部位最適合、用什麼鍋子、什麼樣的火侯和什麼樣的調味方式等，找出任何他可以執行的方式。

不知道是王醫師真的有烹飪的天分，還是他找的資料夠齊全充分，或是家人強大的支持和鼓勵，他煎出來的牛排，果真抓住大家的胃，獲得全家人的五顆星評價，不輸外面餐廳賣的牛排。煎著煎著，他煎出一點興趣與心得，後來，在我們家，煎牛排這項料理是王醫師專屬，誰都不能跟他搶著做。

給伴侶新舞臺，讓他看見新可能

即使王醫師工作繁忙，時間有限，而且幾乎每一次他要進廚房，都是我要幫他預備好所有的食材、器具，甚至連善後也是我。

老實說，當他的助手，比我自己當大廚去做菜還要辛苦好幾倍。但是我依然把自己退到他的後面，不是因為我懶惰、不想精進自己的能力，而是我發現讓他站在事業以外的第一線，他能獲得不一樣的成就感。

很多男性在進入中年階段，會開始懷疑自我價值。不只是對過往的努力出現困惑，還會對未來是否繼續這樣走下去充滿不確定性。

我們家的王醫師是一家之主，除了是家裡的經濟支柱、會幫病人看病外，其餘的事情幾乎不用他操心，所以生活能力近乎為零，更別說是要他烹飪這件事情。有陣子王醫師，大概正經歷這樣的心理壓力，即使日復一日外出上班，我看在眼裡，卻覺得他做什麼事都提不起勁。

當王醫師無心插柳開發出一個連自己都沒想過的「專長」時，整個人像是重新蓄滿電一樣，有著滿格的活力。不只是煎牛排的功力愈來愈好，還繼續嘗試做點不一樣的，西班牙海鮮燉飯就成了他的招牌菜之一，而且還很有大廚架勢，從挑選鍋具、米、食材，到烹煮步驟與時間、成品的擺盤與滋味等，都更加講究。

「妳是真的學不來煎牛排和海鮮燉飯嗎？」許多人試探性地問過我。

畢竟在一般有下廚的朋友眼裡，這兩道料理不算複雜，要做失敗也挺有難度的，加上每次王醫師下廚都要勞師動眾，為什麼還要讓他一再地嘗試下一道菜，不乾脆自己學起來，一切可能都比較省工省事省麻煩。更有趣的是，還有人誤會是我想要偷懶，想把下廚的任務推給老公。

其實，不是的。我看見王醫師正在開發自己從沒想過的能力的過程，他用自己「解決問題」的舊能力，開創出「肯定自己」的新可能。

進入中年危機的他，懷疑自己是人之常情，正好我願意退到廚房後面，給他一個舞臺發揮，讓他看見自己其他領域的不可能。這個不可能在很多人認知裡不過爾爾，對他而言，可是找回自信的力量，不只生活愈來愈有勁，中年危機帶給他的心理壓力，也有了紓解的出口。

女人不必用凡事都能，來證明自己

過去，我給自己一條無形鞭子，督促要做好人生中的每一個角色。尤其在結婚生子之後，期許做「好太太」「好媽媽」的目標，時時刻刻都提醒我，凡是社會上定義的媽媽或太太會做的事，我都勉強自己不只要做到，還要做好，不論多忙，不論這些事情我在不在行，都不允許有一點瑕疵或差錯。

如果用盡辦法還是差強人意，我就會感到很不堪很內疚，還會在心裡的評分表，偷偷扣自己的分數。為了把分數加回來，我幾乎不敢給自己喘息的時間與空間，怕一旦鬆懈下來，就會有罪惡感。

從不會到會的過程，我可能變得愈來愈有能力，但是我並沒有因為學會新東西而開心，我是為學而學，為了證明自己在這個家的價值，而非想要學習新東西新事物。年輕時，我認為學習讓我感覺到自己還活著，如今動機扭曲了。

為了證明「自己很強」的學習動機，反而成為一種掐死自己的慢性方式。

說實在話，我料理能力不到多高竿，但相較於家中幾個成員，我還是比較厲害的那一個。本來我以為廚房專屬於我（這個太太角色），在退到先生後面的那一刻，我曾經問自己「後退是因為不會，還是學會了？」

我想，我是學會了，但不是煎牛排，牛排我還是煎不好。我學會的是——**女人不用凡事都能，人的價值本來就不在於會多少東西**。我就是我，我就是那個無可取代的媽媽和太太，即使很多時候還是會被超越被考倒，我依然有價值。不論會多少懂多少做多少，在家庭這個關係密切的組織裡，人都會有一個重要的位置。

廚房裡，我後退一步，王醫師往前一步，這個動作不是我推諉責任，也不是王醫師強出頭，而是我們找到方法或改變想法來重新定義自己。後來，王醫師持續開發出新的拿手好菜「戰斧豬排」，好幾次我家宴客的主菜都由他包辦，愈來愈多親朋好友喜歡拜訪後留下來吃飯，可能是為了他的手藝慕名而來的吧。

5

適時放過自己，才能享受人妻角色

事情不按牌理，我就崩潰，
王醫師卻一天到晚問「有差嗎？」
沒人要求我進步再進步，
我卻告訴自己要「多撐一下」。
放過自己，允許疲憊的哀號，
人妻的角色需要好好享受。

適時放過自己，不用事事無懈可擊

我是個凡事都需要按部就班，照著計劃走的個性。

像是動心起念應該是放鬆心情的全家旅行，我在行程表仍然細到載明幾點要起床，幾點要睡覺，吃飯要吃多久都寫進去。（不是寫好看的，是真的要一一做到位才可以。）另外，在行李的收納上，我有自己一套堅持，每個人的衣物都一袋一袋裝好，每一天的穿搭都一套一套配好。小米小麥我尚且能控制，要是王醫師拿錯原本配好的衣服，我會要他馬上換回來。王醫師常反問我「有差嗎？」

嗯，如今回想起來，好像真的沒差啊。但不知道為什麼，以前的我就是覺得，只要人事物不按牌理出牌，就是有差，所以常把自己逼到崩潰的邊緣。

此外，我還有一些生活上的堅持。好比每天處理好孩子的功課，或陪王醫師說話聊天完，即使時間晚到該睡覺了，我還是堅持把廚房裡的環境做最後一次的清潔，尤其不能忍受水槽裡有任何東西放隔夜，一個杯子都不行。有時候，不拘小節的王醫師看我這樣忙東忙西，認真地提出疑問「明天再洗會怎麼樣嗎？」我總會以「衛生乾淨」為理由，回絕他的拖延。

直到某一次，我因為身體有點不舒服，便想說設定好鬧鐘，先去瞇一下，半夜再起來洗水槽裡剩下的那幾個碗好了。結果，不知道是鬧鐘沒有設定好，還是我真的太累，沒聽到鈴聲響，居然一睡就睡到隔天早上六點才驚醒。睡眼惺忪地走到廚房一看，水槽裡的那幾個碗還在。

看到的當下，自己忍不住笑出聲來。王醫師說的沒錯，「明天再洗」果然不會怎麼樣，碗又不會自己長腳跑走。倒是我因為經過一晚休息，疲倦全都飛走了，洗碗的心情跟平時硬撐著疲累洗的感覺很不一樣。

其實，那天我也可以像以往那樣，多撐一下就把碗盤給洗好了，但我的生活或許就是存在太多「多撐一下」的事。從來沒有人要求我做一個「完美的家政婦」，是我自己一直想把每個項目都做到高標。加上打掃清潔又不算是太難的工作，我做到「最好」是應該的啊。即使我已經這麼認真，仍然覺得自己做得不夠好（我家還是沒有像樣品屋一樣乾淨整潔）。

就在我想通「碗不會長腳跑走」後，很多事情沒有我預想的那麼不堪（責怪自己）或那麼嚴重（環境更惡化），而且我面對自己不是樣樣滿分的情況，學習調整處理家務的順序。雖然每天盡可能維持自己的標準，把廚房都清潔完才去休息，但是偶爾我真的不能勉強時，我就懂得放過自己。

練習不同以往的生活節奏

「洗澡洗好就去睡覺了。行李都先放著，反正明天之後還有時間收！」結束一趟長達七天的國外旅行，我累到只能擠出這幾個字，眼前幾個二十八九吋的大行李，根本連開都不想開，我需要立刻休息，好好睡一覺。時間回到十三年前，這絕對不是我會說的話。以前不論到家有多晚、多累、多想睡，我都至少會把行李打開，把換洗衣服丟下去洗衣機，把盥洗用品取出，物歸原位。

我很少要求小麥或王醫師一定要配合我，我知道外出旅行本來就是體能挑戰賽，回到家後，正常人的眼裡只有被窩。是在我學習到「太太需要適時放過自己」之後，才能允許自己內心疲憊的哀號了。這一句「行李都先放著」，是對我自己的宣告，提醒自己「放下」真的沒差。

某次與朋友的聚會，幾個女性朋友抱怨自己有多忙，但是先生和小孩都不會主動幫忙，或幫的忙一點都不到位，簡直幫倒忙，還說最近累到想倒頭就睡，依然要撐到最後一刻，把碗都洗好，家事都完成，才肯去休息。

我很能同理她們的處境，竟然拿了王醫師常問我的話來問她「偶爾不洗碗有關係嗎？」接著分享自己心境上的轉折，朋友似乎有點懂了。

很多事情家人不在意，不是他們覺得不重要，而是他們知道有更重要的事情。就像過去洗碗、收行李這種事，我一心認定今日事要今日畢，也因此多了很多抱怨老公的機會，雖然我嘴上不說，但忙不過來時，難免會覺得王醫師不貼心，都不主動幫忙一下，小抱怨累積起來，會變成夫妻關係間的裂痕。

慶幸的是，我愈來愈懂得換個心情，練習用不同以往的生活節奏活著。身為太太的人，唯有適時放過自己，才能好好享受人妻角色。

6

說好的星期一，帶點壓力的浪漫

一個人同時需要扮演很多身分，
沒有一個可以偏廢或不需要經營。
等從父與母的身分淡出後，
才驚覺夫妻關係要經營就太遲了。
每對父與母都該找到專屬時光，
開始恢復夫與妻角色的練習。

找到一個夫妻兩人的專屬時光

王醫師工作時間很長，在醫學中心上班不只要看診、值班，還有病例晨會、指導住院醫師等工作，一天超過十六個小時都在醫院，跟患者同事見面的時間，可能都還比我當妻子的多。上班日扣掉晚上睡覺時間，我和王醫師見面大概不超過二個小時，能好好說話的時間更少，有時候，快二天才見上一面，他通常已經累到無法說話，倒頭就睡了。

有人說，婚前婚後大不同，真的是真心不騙。

還在交往時，我們有著男女朋友的浪漫與依賴。我們最少兩個禮拜會去看一場電影，一個禮拜會去餐廳用餐約會，即使是他夜晚要值班，我也會帶著晚餐去醫院，陪他一起吃。就算那天沒見面沒約會，還是會找時間通電話，閒話家常，一聊就是一個小時。婚後，見面少，對話少，傳訊息的次數也少了。

有了孩子後，我們就像住在一起的遠距離夫妻，加上小米狀況特殊，需要我更多時間的照顧，夫妻兩個人原本單獨相處的時間幾乎消失，即使外出用餐或旅行，地點時間點的考量，都會以孩子的狀況與喜好為主。我知道自己尤其明顯，在做許多決定的時候，我考慮的順序總是孩子第一，先生第二。

二個人的話題從交往時的天南地北，到開口閉口都是孩子怎樣怎樣，這和許多男女婚後生子的光景很像。我們想過要改變現況，卻不知道該調整誰的時間。

直到差不多十年前，由於王醫師醫院的工作調動，他每個星期一的白天被空了下來了，不用值班，不用門診，不用趕開醫院早上七點的病例晨會。終於有一天的平日早晨，王醫師可以和我一起好好吃頓飯了。

這個時間兩個孩子都去上課，我則把社交與進修的活動盡量排開，星期一成了我們重溫兩人世界的寶貴時光。這個難得的星期一早上，我們一起看輔導級以上的電影，拜訪有特色的咖啡廳和書店，衝到宜蘭泡溫泉，相處時間變多，話題也跟著變多，從孩子喜歡什麼，延伸到彼此喜歡什麼。

一個人同時需要扮演很多身分。**扮演「父」「母」時，通常存在「夫」「妻」的角色，這些身分沒有一個應該被偏廢，沒有哪一層關係不該被經營**。

很多人就像我跟王醫師，有了孩子而忘記另一半，努力經營親子關係卻忽略夫妻關係，久了，也以為不需要了。等孩子長大，父與母的功能不再強大，才回頭想找另一半，早忘記該如何和對方相處，搞不好連對方喜歡什麼都記不得了。

夫妻間的兩人時光需要刻意營造。不要忘記真正的另一半是先生，不是孩子。

說好的星期一，從期待變壓力

「不用約淑慧啦，她固定星期一都有事情。」熟悉我的朋友都知道，我的每個星期一白天都「有事」，因為全部被王醫師預約走了。

不過，朋友平常各有各的事業要忙，各有各的家庭要顧，若有小孩要陪就更不容易挪出時間給朋友了，很難像剛出社會那樣，下班就約，說走就走。有時就只能利用孩子去上課，難得的白天空檔，吃個早午餐、下午茶，交換一下最近的生活酸苦，聯絡一下情感。只是萬一約到星期一，我只能忍痛拒絕。

起初「說好的星期一」是很讓我期待的。就像小時候要去校外教學那樣，可能從星期五就開始期待，不知道下個星期一會有什麼新鮮事。

一段時間過去了，期待還是很期待，卻有一種無形的壓力，甚至是一種莫名的約束感。或許是為了這個說好的星期一，我必須刻意放棄許多自我進修或朋友、媽媽聚餐的機會，內心不免產生可惜的感覺。

某天，在我意識到我的想法居然變成「怎麼這麼快又是星期一了」的時候，我決定找機會和王醫師聊聊我的感受。談過之後，才知道原來王醫師偶爾也會因為要安排星期一的活動，產生擔心創意枯竭的壓力。

因為對彼此坦承，發現一個真實的狀況，那就是夫妻單獨的二人世界，真的不是這麼簡單與容易，尤其是在有孩子，有工作，有社交活動時，更需要提早預備和好好經營，這不是只靠新鮮和浪漫就能過關的，而是需要找到一種平實而依慰的互動方式，才能沒有壓力的繼續相愛，才能有力氣走長遠的路。

後來，我們不再只是規劃有新鮮感的活動，或選擇去那些不曾去過的地方，用來填滿得來不易的兩人時光。而是把重點放在人，兩個人一起就夠了。

可能其中一個人做頓早餐，配個電影臺就心滿意足了。對料理有點興趣的王醫師，還會研究新菜單來豐富餐桌。不然，就去家裡附近的堤防外牽手散步。有時，進修課程實在排不開，我上課半天，再和王醫師一起喝咖啡，也不再覺得自責，我們開始用最適合的方式，練習兩個人的生活。

很多父母都知道，經營夫妻二人的關係是重要的，但是真的願意去做的人真的不多。忙通常是第一個藉口，麻煩是第二個藉口，下次再說也不遲是第三個藉口。不過，被這三個藉口綁著，就注定原地踏步。改變沒有這麼困難，首要任務是稍微調整作息的時間，有時候需要在工作上做一些取捨，就像王醫師調整了工作內容，而我也調整了原來的進修與學習計畫。

在結婚十週年的前幾個月，王醫師提出了一個「二度蜜月」的想法，地點是新婚夫妻的蜜月首選地，浪漫程度破表的馬爾地夫。一聽到他的邀約，我還真的不敢第一時間答應，一方面是需要離開家十天，也代表要和小孩分開十天，另一方面，我更擔心的，就是十天都要和王醫師朝夕相處，只有兩個人。

畢竟，馬爾地夫標榜的就是度假勝地，沒有其他人其他事會分散我們的注意力，而且去到那裡就是放鬆加放空，沒有什麼休閒娛樂，網路狀況聽說也不穩定，就是我們兩個要朝夕相處十天，天天大眼瞪小眼的相處。我實在沒有把握在這樣的狀況下，能夠心平氣和的相處，能夠把缺點看成優點。

「謝謝妳成為我的妻子，這十年來妳的辛苦和包容，我都明白，更是感謝，我想再跟妳拍一次婚紗照，並在上帝面前再次許下婚姻的盟約。」後來，是王醫師的這一段話，讓我點頭同意二度蜜月。

到了馬爾地夫，因為有過好幾年「說好的星期一」的練習，十天的朝夕相處，大眼瞪小眼，從有話說到沒話說，從看對方到看風景，卻一點也不覺得無趣無聊或不適應，還覺得十天的時間一下就過完了。

別讓夫妻共同興趣只剩「教養小孩」

孩子年紀還小的時候，夫妻的共同興趣不得不必須是「教養小孩」，因為孩子是與另一半愛的結晶，兩個人理所當然要合作拉拔他們長大，這是一種義務，是一種責任，也是一種甜蜜的負荷。

但孩子大到可以也必須獨立自主的那一刻起，就是大人要從「父」與「母」的身分淡出的那一刻。當「教養小孩」這項共同興趣不能再擁有，卻又沒有其他可以一起做的事，夫妻兩個人的情感難免會愈來愈淡，距離難免會愈來愈遠。

夫妻必須意識到培養「共同興趣」這件事的重要性。

一個人要培養自己的興趣都需要花一段時間了，要突然冒出一個夫妻二個人都不排斥，還能夠一起做的興趣，確實不是太容易的事。短時間，可以靠「新鮮」和「浪漫」撐場，但這並非長久之計。

看清這一點，我們夫妻開始嘗試找出二人都能接受的事情，例如，我們一起研究料理，一起打羽球，一起騎腳踏車，一起研究咖啡或紅酒，雖然我們沒有因此變成某方面的達人或專家，但是透過「一起」尋找二個人生活的過程，又重新認識彼此一次，更願意包容對方。例如，以前老是看到對方的粗線條，忘東忘西，造成事情的耽誤，後來才發覺因為粗線條，吵架吵過就忘，沒有隔夜仇。這樣一點一滴累積共同興趣，恢復夫與妻這個重要而美好的盟約關係。

二〇一八年中，我重新回到職場上班，王醫師的工作領域有些調整，因此說好的每個星期一，有默契的調整成每個星期四的上午，但時間或身分的改變，這些都不影響我們真正想要經營的事。也許不久後又會換成星期二或星期三，不論換成哪一天，都是屬於我們夫妻兩個人的時間。

這是每一對父與母都很需要，恢復夫與妻角色的練習。

結婚十週年，我與王醫師二度蜜月。在如此浪漫的馬爾地夫，我再次告訴他「我願意！」

輯三

當女人教我的事

不論被放在什麼位置，不論成家不成家，
興趣不能被犧牲，夢想不能被放掉。

I

維持自己的實力，千萬別與社會脫節

我決定好好面對退步的自己，
訂了一個維持實力的計畫，
並從最低門檻的「閱讀」開始。
不要再用整顆心都放在家人身上，
或整個人都奉獻給子女當藉口，
否則就等著與快速變化的社會脫節。

閱讀力：維持實力的最低門檻

職業運動員可以參加比賽、爭取好成績的年限不長，大部分到了三十五歲之後，隨著體力下降，不得不中止比賽的生涯，退居幕後，或轉業轉職。運動員從比賽場上退休，若瞬間停掉所有高強度的訓練，體力、體能與運動技巧，很快就會走下坡，身材走樣的可能性也高。所以有很多運動員，即使沒有專業比賽的機會，還是會持續鍛鍊體能，就是期待把身體維持在一個穩定狀態。

當我決定全職照顧小米，暫別職場後，由於不需要開會，不需做工作簡報，不需要寫產品計畫，不需要在有限時間內把問題或理念表達清楚。久而久之，不僅既有的工作能力慢慢失去，思考力、邏輯力與表達力好像也漸漸減弱，就連想要跟王醫師說件事情，都講得不清不楚。

偶爾，王醫師會和我討論社會上的議題，問我對某新聞事件的看法。很奇怪，我心裡明明有些想法，講出來的卻都零零落落，有講跟沒講一樣，王醫師當時最常一頭霧水地問我「妳想說的重點到底是什麼？」

連我曾經引以為傲的表達力，都不值得一提了。我何嘗沒有發現自己的問題。小米三歲後，不論身體、復健課程、醫療複診、生活習慣等狀況都逐漸穩定下來，我決定要好好面對退步中的自己，給自己一個「維持實力」的計畫。

我從自己最熟悉，執行起來不困難的部分，那就是「讀書」，然後「整理重點」，對多數人而言，看書興趣的培養與維持，是門檻最低的，大概只有要或不要的選擇而已。（在我看來，說沒時間讀書只是藉口。）

我看的書種類很多樣，主要目的除了吸收書中呈現的知識性內容，也讓自己透過閱讀來刺激邏輯思考，像我常會和書中的見解對話，有時候直接寫在書上，有時候自問自答。看到某段我不這麼認同的話，我會把我的想法註記在空白處。看到認同的，我會去思考「換成是我會如何表達」。看到想要分享給人的，我會嘗試結合自己的生活，想看看哪些場合適合拿出來講。

聽起來，看書不再只是看書，而是有一個對話思辨的鍛鍊。這個過程不需要向任何人交代任何進展或任何收穫，我依然很開心地執行，當然，不會有人替我的進步打分數，但執行一年下來，我真的覺得想把心裡想的傳達出來，不會再有卡卡的感覺了。

表達力：參與人群與連結社會必備

第二年，我把自問自答，提升為真人對話。

我邀約幾位和我一樣背景的媽媽，利用孩子去學校上課的時間，一個月開一次讀書會，分享所看的書與對內容的見解，很難得在會員愈來愈忙的情況下，讀書會一開就是十年，而且目前還是正在進行式。

由於每一次的讀書都有訂主題，每個人都會輪流主持，在有限時間內，傳達書的內容和自己的感想，加上彼此參與討論，不會流於一般聚會性的閒聊，許多本來和我一樣的全職媽媽，口語表達力因此提升不少。

對大人暢所欲言，跟孩子更不能有代溝。尤其對年紀小的孩子，先要獲得他們的信任，他們才會願意開始建立關係。

於是我選擇加入小麥國小的生命教育領域的故事媽媽行列，每個星期有一天的晨光時間，要到學校去說故事給孩子聽，並和他們一起討論繪本裡的看見。

我發現，這和平常在家說故事給小麥聽很不一樣，還需要先接受將近半年的訓練，包括提問技巧、繪本反思、班級經營等課程。故事媽媽一當就是六年，我幾乎不缺席，一年級到六年級的孩子我都帶過了。

在這個過程裡，我增加原本比較缺乏的「提問力」，這是親子或夫妻溝通很重要的一環，懂得提問，對方才願意給出好答案。

過去這幾年，我因為生命中稍微特殊的體驗，帶給許多人力量，在上帝的幫助下，我有許多機會在公開場合與人分享這些日子以來的不容易與改變，期望讓更多人相信自己可以。不過，我知道自己在公開演講的能力上，還有很大的進步空間，這時有一個好朋友推薦我參加一個課程，她還說，「妳要好好把上帝給妳的，好好地說給更多人聽，用更平易近人的方式為神做見證。」

王醫師非常認同這件事，決定投資我去上謝文憲老師的「說出影響力」課程，這果然是一系列「很硬的課」。主講人憲哥（謝文憲老師）不只打破我既有的盲點，也幫助我找到屬於自己的表達法，讓我知道如何用「更多人聽得懂的話」來表達，把理念用最貼近人的方式傳達，並影響他人。

維持實力的過程，最難能可貴的就是遇到溫暖的朋友。在這段學習路上，遇到許多名師兼貴人（王永福老師、葉丙成老師）和前輩（許皓宜老師），他們一次次提點我。尤其福哥（王永福老師）曾對我說「妳可以對自己好一點嗎？」這句話我聽到的是一位老師對學生的真心，也是一個朋友對朋友的關懷。

挑戰力：改掉自以爲是的最佳鍛鍊

偶爾，我做的許多事情，不見得是有什麼偉大的目標要實現，純粹只是想要挑戰自己。大多時候人習慣挑戰的是自己不擅長的領域，但是我想挑戰的是自己覺得擅長的事，想藉此測試看看自己是不是真的「很會」。

對我而言，用話語來表達想法並不難，我就想挑戰看看「限時不 NG」的表達力。一年多前，我開始在臉書開直播，想知道在不能 NG、不能寫稿，卻有主題、有時間限制的前提下說話，我現有的表達力夠不夠應付。

我的直播主題主要設定在跟孩子互動後的反思和想法。

其實，直播沒幾次，我就發現真的超級難。每一次直播不過十分鐘而已，一結束我整個人就像虛脫一樣，可見我根本「很不會」啊。

過去的我太自以為是，也太小看直播的難度了。

為了不阻礙學習，我必須放下那些「很會」的誤會，重新學習，建立挑戰自己的意願，這同時是維持「挑戰力」的一種鍛鍊。這段時間，還有一個重要的貴人出現——Shary 老師，她私下給我很多鼓勵和建議，還幫我確定了粉絲專頁的名字「因為孩子，我學慧的事」，讓我有了目標和信心。

多數女性很容易因為婚姻、家庭或子女，需要犧牲工作、離開職場，不論是暫時從職場退下或是真正從比賽場上退役，全方面維持自己的實力是重要的，萬一沒有這樣的危機意識，先是會與仍在職場的另一半搭不上話，再來可能連子女說的都懵懵懂懂，最後終將與持續變化中的社會產生脫節。

千萬不要用整顆心都放在家人身上，整個人都奉獻給子女當藉口，如同我也從來沒想過，有一天我會再回到職場，將過去幾年持續維持的實力應用上。

不過，就算我沒有回到職場，這些鍛鍊也很值得，沒有白費，至少我在跟王醫師說某個社會事件的看法時，或跟小麥討論學校活動時，我說出來的話都跟得上時代，而且還算清楚明白且稍有影響力。

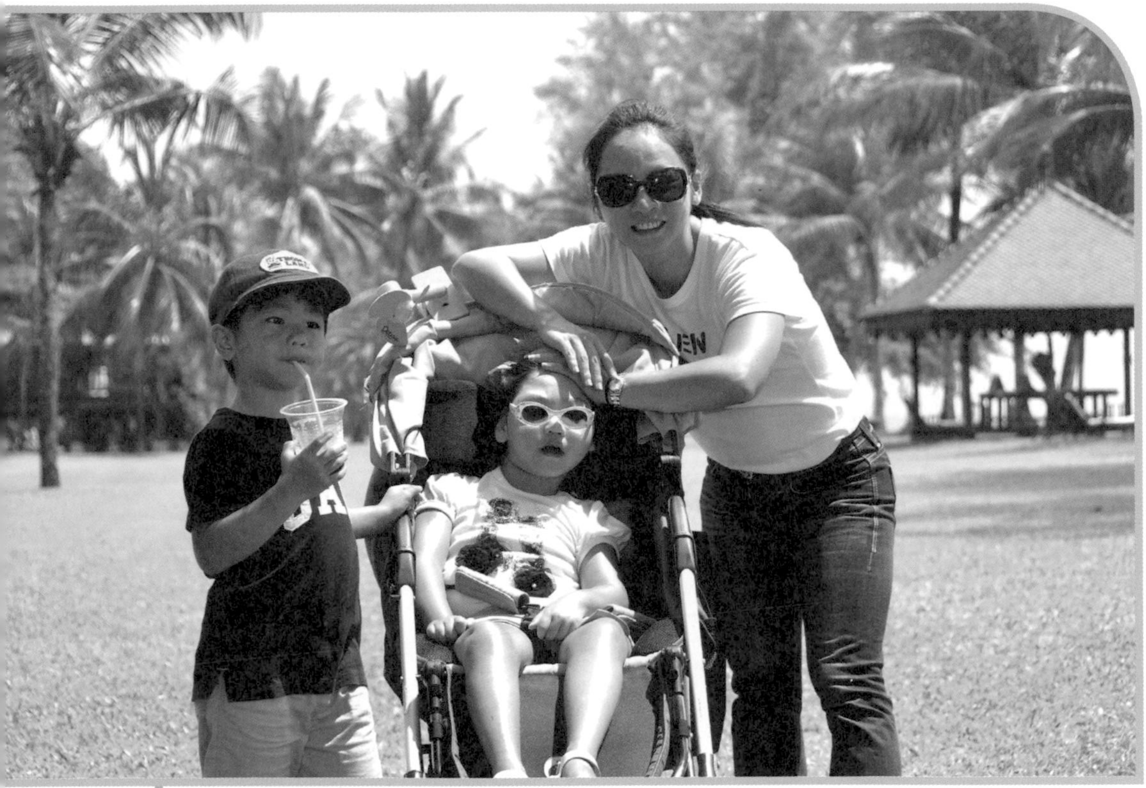

我告訴自己，不能當了媽媽就失去自己。
維持自己的實力，才能跟世界對話。世界也包括孩子。

2

我曾經徘徊在憂鬱的邊緣

我從莫名地哭，到哭不出來，
才發現一腳已經踏入憂鬱邊緣。
以爲假裝沒事可以撫平一切，
其實向外求助才是最好的出口。
我不再逃避與隱藏負面情緒，
壓力來襲也不再苛責自己。

醫學直覺「我的心出狀況了！」

坐在滿載乘客，駛往木柵的捷運車廂，這是帶小米去醫院的標準路線。

「我又在哭了嗎？」我控制不住眼淚，任憑淚水一直往下掉，掉在我的手背，我的腿，我的包包。這有點奇怪，卻不是這麼奇怪，最近我一個人安安靜靜的時候，就會哭，沒有特別想，沒有特別原因。

醫學直覺告訴我「我的心出狀況了。」

有陣子，我刻意不告訴別人「我只是個家庭主婦」。

記得去市場遇上喜歡和客人攀談的老闆娘，隨口問說「今天休假嗎？」我反應不太過來，只在心裡murmur「老闆娘怎麼看人的，怎麼會以為我是職業婦女。」我懶得解釋太多，就順著老闆娘的話「是啊，今天休假。」反正，我本來就一點都不想承認自己沒有上班，只是個家庭主婦而已。

後來，我一點都不希望別人知道我是個「醫生娘」。

有人問起先生在哪高就時，我總是含糊帶過，只說是「醫療業」，有些知道我先生要輪值大夜班的人，還以為他是在醫院當保全，而我就是笑而不答。

當時我剛離開職場不久，就像一個失去舞臺的人，原本的自信滿滿被榨到一點都不剩。醫生娘的稱呼會讓我覺得是王醫師的附屬品，每叫一次，個人形象就會模糊一點，愈來愈模糊，愈來愈少人知道我真正的名字或叫我的名字。

不知道什麼時候開始，我很少有機會報上自己的名字，大家似乎都忽略我還是一個獨立的個體。我腦中出現了很多問號「我到底是誰？」

每天忙東忙西，忙碌程度不輸還在職場時，我卻不知道，到底是為了醫生娘的頭銜，還是小米媽媽這個稱呼。本來我引以為傲的專業訓練和社會經驗，似乎就停擺了，老是想著「我的過去是不是沒有意義了。」

忽略身體警告，以爲假裝可以撫平一切

就像許多女性為了家庭、孩子，暫時走下舞臺，放棄光鮮亮麗，毅然決然進入全職媽媽的角色，漸漸地沒有太多機會使用自己的名字，剩下「某媽媽」「某太太」的稱呼，這個生命轉換過程，一不小心可能會當機，以致運轉出了問題。若是沒有及時發覺並謹慎處理，當機會愈來愈嚴重，會像後來的我一樣。

王醫師對我莫名掉淚這件事有點不知所措，或說有點搞不清楚狀況。那時他還不曉得全職媽媽的壓力，無法理解我的心情，甚至還覺得我是過得太過安逸，都已經衣食無虞，怎麼還不滿足現況而想東想西。

沒有獲得另一半的同理，是加重我憂鬱的因素之一，這讓我以為不能在任何人面前露出不開心不滿足的情緒。因為我擁有的資源遠超過其他人，我沒有資格憂鬱。後來，我才明白以上都是以一個錯誤為前提的假設。

除此之外，我對周遭環境聲音的忍受度愈來愈低，出現類似聽覺過敏的現象（憂鬱症病患常會合併類似聽覺過敏或害怕聲音的症狀），尤其在天黑之後，連清洗鍋碗器具碰撞的聲音，我都忍受不住，幾次都想大叫「安靜一點！」但理智線摀住我的口，不讓我大吼出來，我被逼迫著壓抑自己，壓抑再壓抑。

然後，我居然慢慢地從「莫名地哭」轉變到「不會哭」的狀態。

我知道，必須要想辦法紓解這種「哭不出來」的感覺，於是我藉由電視劇或電影裡的情節，來刺激我的淚腺，大悲的劇情，讓我暫時有理由放聲大哭，那是一種身體水分代謝後的暢快，沉悶的心情似乎也能暫時得到緩解。

這樣的日子持續好幾年，期間我努力地隱藏真實的自己，把日子過得有條有理，連情同姐妹的好朋友好閨蜜都沒有發現我的異樣，她們相信我調適地很好。

本來我以為我可以自己救自己的，在一個很沒自信的狀態下，仗恃著有些醫療背景相關知識，我對於「讓自己好起來」卻十分有自信，加上我很擔心會成為王醫師的負擔，所以一度把自己的狀況隱藏起來。直到某一天，當我發現自己對情感反應屬於低敏感度，即使看了悲劇也哭不出來，才驚覺這已經超乎可以自救的程度。我發現自己已經一隻腳踏入憂鬱的邊緣，不得不正式對外求救。

想雨過天青，先要有面對的勇氣

透過心理諮商師與教會牧者的關懷，我看見自己長期克制的情緒——強迫自己不可以顯現軟弱、不可以失控、不可以哭。

我第一步亟需調整的，是接納自己的軟弱、接住自己的情緒。情緒既是主觀的感受，也是客觀的反應，更是表達自己的方式，得好好地穩穩地接住與接納，不需要逃避、不需要抗拒、不需要隱藏，只需要面對與認識。

本來不太能同理我的王醫師，在看到我連孩子叫我的聲音都厭煩時，發現了我的不對勁了，加上教會牧者與他交流過我的狀況，他開始正視我的困境，鼓勵我暫時放下家裡的事物，獨自去旅行一趟，單獨的空間和時間，有利於我整理多年以來被跳過的那些情緒。即使先生不能完全同理我，但是他總算能接受我心理壓力過大的事實，他從旁鼓勵，讓我願意給自己一點放鬆的機會。

我為自己安排五天的旅行，到朋友在四川成都經營的民宿，看書、寫字、賞花、聊天，那幾天時間突然變得好慢好靜好悠哉，慢到我找回自己原來的模樣，靜到我聽見自己心在說話的聲音。旅程中，我聽到一首詩歌〈新的異象，新的方向〉，眼淚不自覺地緩緩流下來，這個眼淚滑過臉頰的溫度好久不見。

返家後，我不敢說負面思想全都煙消雲散，但我確實漸漸找回自己原本的樣子，想笑時就大聲笑（聽過我笑的人都知道，我的笑聲是很能感染全場的），壓力來襲時不再先苛責自己，而是接住情緒與接納自己可能的委屈難過。

後來再去市場，某個賣盆栽的老闆熱情地與我閒話家常，問我「今天沒去上班啊？」我想都沒想，直覺反應就回答「我是家庭主婦，是還沒下班呀！」老闆愣了一下，笑了出來，我自己也笑了。我找回自己，找回在所處角色裡的自在。

3

練習獨處的能力，培養老後的活力

一段婚姻順利走到生命盡頭，
女人難免還是有機會要獨活幾年。
爲自己的老後預做練習，
不能等老了再說，而要馬上開始。
我靠學新東西來累積老後活力，
也找到我最喜歡的獨處模式。

到頭來都避免不了「一個人過日子」

我讀過上野千鶴子的《一個人的老後》這本書，嘗試把「獨處」能力，放入我人生目標之一。那一年，我才三十二歲。

過去我單純的以為一個人在進入婚姻之後，要努力學習的只是和另一半相處的能力，從來沒有想過還需要學習「獨處」的能力。不單單是因為即使是成了夫妻，仍然需要個人的生活空間，若要從平均壽命來看，這樣的能力是很重要的。

根據近年來的調查與統計，人的壽命隨著醫療技術與觀念提升愈來愈長，尤其女性的平均壽命比男性多出好幾年。二〇一八年國內內政部的資料顯示，男性平均壽命是七十七歲，女性平均壽命則是八十三歲，若一段婚姻順利地走到生命的盡頭，難免還是會有一方要獨活幾年，尤其是女性，至少有將近六、七年的時間是「一個人的老後」，甚至有的人會拉長到十年二十年。

一個人聽起來很孤單，其實可以很充實多彩。女人不論是否進入婚姻關係（單身），或婚姻是否幸福（離婚），或另一半是否提早離開世界（喪偶），終有一天都將面臨自己一個人過很長一段日子的老後生活。

老後生活除了食衣住行這些基本的項目外，還有人際、財務、照護等層面的事情要經營，最重要的核心是「面對獨處」的能力。

我看到很多老年人，不論是新聞上報的，還是身邊的，當孩子長大後、工作退休後、伴侶離開後，心態隨著一個又一個的事件，變得寂寞且落寞，尤其過去一心一意以照顧家庭為第一、自己是第二的女性。這樣老後的生活往往封閉甚至不健康，絕大多數的原因是缺少「預備老後」的練習，也就是「獨處」的練習，這個練習不能等，不只是一種心境轉換，而是連過程都能幫助一個人提升生命力。

刻意練習獨處，享受一個人的自在

我的生命中一直以來都不缺朋友，要呼朋引伴絕非難事，還有幾個好朋友陪伴我走過風風雨雨，我很習慣跟朋友聚會，看電影、旅遊、吃好吃的東西，聚在一起分享生活的喜怒哀樂。若王醫師時間允許，他也絕對會把陪伴我擺第一位。

為了刻意練習獨處的能力，證明一個人也可以活得很自在，我決定把「偶爾一個人去看電影」做為挑戰。

被王醫師知道「我要自己去看電影」時，他還以為我是在跟他或哪個朋友嘔氣，我不難猜到他心裡怎麼想，大概一般人都會覺得一個人看電影就是孤單，甚至有點丟臉（我也曾這樣想）。我何嘗不擔心他會內疚自己太忙而沒空陪我。

於是，我明白告訴他「二個人看電影很好，一個人有一個人的滋味。我的生命裡有你的陪伴，多了幸福也多了安心，但我怕忘記如何和自己相處，畢竟未來某一天，我會自己一個人。現在就要慢慢練習與習慣。」

我還是會期待跟王醫師兩個人一起去看電影，重溫戀愛時的那種感覺，所以刻意挑那種我喜歡但他沒興趣的電影，這樣一來，他不會扼腕，我看得也開心，而且之後若要兩個人一起去看，就比較不會有誰遷就誰的狀況。

萬事起頭難。特別是像我這種，習慣二個人看電影的模式的人。從一個人買票，一個人走進戲院，一個人看預告，到一個人喝著飲料吃著爆米花，一個人思考對話與情節，一個人進入劇情，再一個人走出戲院，一個人咀嚼劇情後發酵的情感。在真實經歷後，我發現這個經驗棒到讓我開始期待下一次。

從習慣和別人一起做的活動中，找一項來做挑戰，尤其是進入婚姻多年的女性，更需要給自己練習「一個人」的機會。因為少了練習就少了預備，少了預備就少一分承受衝擊的能力。

像我就自己為自己下了幾個戰帖，下一戰就是「一個人的自助旅行」，這同時是在挑戰王醫師的接受度，因為我的方向感極差，不知道他會不會同意。但沒有這樣一步步地練習，哪能好好走到「一個人的老後」。

老後，還需要「活力」過日子，學習新事物能激發活力。

這幾年，我接觸剪輯影片、生命教育講師培訓、說故事技能、烏克麗麗、油畫、插花、彈琴伴奏、帶領兒童主日學課程等，從不會到有點懂，有的應用於生活工作，有的自娛娛人。這些過程讓我上癮，下個目標是在五十歲前穿上芭蕾舞衣舞鞋，銜接幼稚園到小學階段的學習成果，跳一段〈胡桃鉗〉的糖梅仙子之舞。

面對一個人老後的活力，我已經習慣從現在起慢慢累積。

透過「閱讀」學會與自己相處

獨處，不是指孤僻，不是指封閉自我，不是指不進行社交，更不是像日本繭居族那樣，晝伏夜出，排斥與任何人接觸與照面，而是要練習和自己相處。只是結了婚、走入家庭的女人，被老公與孩子占掉很多時間，難免會有種被綁住的感覺。

我喜歡這種感覺，這讓我知道人生多了一些責任。但隨著時間過去，責任會愈來愈輕，要是把重心全擱在這，未來肯定需要很長一段時間調適。與其如此，不如刻意同時經營幾個重心，我覺得「閱讀」就是一個很不錯的方式。

閱讀，是一個不太花體力和金錢的興趣，我一向就喜歡文字，維持一個月至少看二本書的習慣，但是隨著進入家庭，當了媽媽，重返職場，時間被瓜分，能好好看書的時間變少，為了給自己一點動機，我和幾位媽媽朋友組了讀書會。

這讓原本「想閱讀卻喊沒時間的媽媽」有了目標，更有把書看完的動力，（講白了其實也是一種「壓力」，）但我們都覺得這種有點大又不會太大的壓力，是很正向的。不知不覺，這個讀書會已經持續進行超過十年，只有孩子寒暑假期間會暫停，每次孩子們一開學，讀書會也開學了。

閱讀需要時間，但那個當下正是享受一個人的機會，暫時與現實世界隔絕，讀書會的存在，則讓閱讀這件事變得更有趣更有意義。不只我的閱讀習慣建立了，也結交了幾個志同道合的朋友，獲得很多原本不知道的見解與知識。對我而言，這些都是練習獨處時，意外的收穫。

4 滑雪教我的事1：人生要懂得轉彎

滑雪根本就不在我的人生清單裡，
每次站上滑雪道都是逼不得已。
幾年來技術沒進步，倒多了點人生領悟：
面臨挑戰，一定要相信自己可以，
最快最保守的方式，可能最耗力氣，
人生路上，煞車與轉彎都很重要。

X！爲何我又站在雪地上

二〇一八年的寒假，我們夫妻「又」帶著小麥飛往滑雪勝地——日本。這不是我們第一次去滑雪了，由於我本來就不愛運動，平衡感也不是太好，重點是我怕高又怕冷，滑雪這件事情根本不在我人生清單裡，每一次出發都是逼不得已，內心O.S. 完全像陶晶瑩幾年前出的那本《X！為何我又站在雪地上》。

自從二〇一二年第一次去滑雪之後，小麥熱愛起這個活動。那一年，他遇到一位很棒的教練，尤其對初學者很有耐心，這讓他在學習滑雪這個新事物上，更願意接受挫敗，這和其他的學習經驗很不相同。以往小麥在學新東西，即使是自己主動想學的，還是常會虎頭蛇尾。一開始幹勁滿滿地往前直衝，碰到學新東西都會經歷的挫敗階段時，就會一心只想著要放棄，甚至會罵自己很笨，認定自己再怎麼樣學都不會。

這個滑雪教練的態度確實帶給小麥很強大的信心，明明滑雪就比其他過去學的東西難上好幾十倍，明明他學了幾年，技術什麼的都還算一般般，他居然可以驕傲地說出「我滑雪很棒喔」這種自信爆表的話。

由於一年就只有一次機會，王醫師跟小麥為了徹底滑個夠，每一次都是參加很硬很操又很累的純滑雪團（認真在滑的那種）。

當媽的我為了「看顧」孩子的安全，兒子要去，我只能奉陪到底，算一算，已經有好幾年陪滑的經驗了，且經驗值不斷攀升中。說來慚愧，這麼多年過去，我的滑雪技術並沒有因此翻倍變好，還停留在幼幼班的程度。直到二〇一八年的冬天，才有了很大的突破，不只是滑雪上，而是整個人生價值觀上的領悟。

直線前進快卻危險，走下坡時愈彎愈好

抵達日本白馬縣某滑雪村，教練為學員進行分組，以往分組是依個人程度分配，程度差不多的分在一起，教練比較好帶。分組結果出爐，我竟然和我的任務不同組（我的主要任務就是看顧小麥而已）。

不知道什麼原因，我這三腳貓的功夫，竟被分到「高級班」，小麥和王醫師反倒分在中級班。眼看同班夫妻簡直是高手中的高手，三兩下就順利滑到山下，而我還用極為緩慢的S型轉彎下山。這下教練頭痛了，我也頭痛了。

第一天下課，小麥和王醫師直覺是教練分錯班了。

我想，經過一天的教學，教練大概也知道自己錯了吧。第二天，我向教練反映這個問題，教練心裡明白，但中級班師生比已額滿，自然收不了我。教練安慰我，「高級班學生少，另外二位學生程度好，我正好可以好好指導你。」因此接下來幾天，索性就將錯就錯，一直待在高級班接受特訓了。

說到以S型轉彎下山，已經比我初學時好很多了。一開始，我滑起雪來綁手綁腳，除了「八字型（八字煞車）」一直線下山法，完全不敢嘗試其他的。八字型滑法算是基礎中的基礎，對我來說，也是最不會出錯的方法。只是八字型要一直靠雙腳同時用力，為了控制前進速度，幾乎從頭到尾用雙腳力氣煞車，到達山下，雙腿發軟是常有的事，往往滑一趟（剛熱身完）就沒力了。

一般而言，兩地的直線距離，通常都是最短的距離，Google 地圖打開，我們都是習慣找最短的路線走，希望可以用最少的體力，最短的時間，最快的到達。但在滑雪場上最短的直線距離，不見得最省力最省時。

真正的高手通常會選用S型軌跡下山，而且愈彎愈好，因為從山頂往下滑，加速度快，快到來不及「踩煞車」，用八字型滑法，不懂轉彎，直線衝下去的話，重力加速度，危險程度自然往上加，所以S型軌跡滑行反而輕鬆安全。

可是S型軌跡在轉彎時，需要一腳用力踩踏滑板鋼邊，一腳放鬆滑板，這是最可怕的時候，不是說這個動作有多難，而是一種難以克服的心理障礙。

尤其在轉彎處，需要轉換二隻腳重心時，總感覺自己要失控往下衝。其實，不過就零點幾秒，卻像是掙扎好幾個小時。一直到我開始相信自己能做得到，並讓身體保持平衡，才能一個彎轉過一個彎。

「恐懼」與「相信」的交換真的就只有那零點幾秒。這讓我想到一件事，那就是「我要相信自己有的（雙腳）」，尤其是面臨挑戰的時候。

人生要學會踩煞車，更要學會轉彎

走在人生道路，只要是能力範圍內，我當然選擇自認最快最保守的方式來走，可是就會非常非常耗力氣，容易因為堅持不久而放棄，更何況人生不像滑雪場，滑個一趟兩趟，覺得累了就到此為止，人生路必須一直走下去，這時，懂得用雙腳交替施力的S型軌跡，在蜿蜒崎嶇的路線上，一腳用力，一腳放鬆，施對力，才能持續保有體力與動力。

滑雪直線往下衝，既危險又辛苦（腿超酸）。人生路選擇直直往下衝（不論事業學業我確實很常只走直線不拐彎），也許是最早到的那一個，但摔得最慘，也許是順利到達終點的那一個，但腿酸到爆炸。以前的我常常這樣把自己累個半死。

做事目標導向又理科腦的我，像GPS設定好目的地，就不顧一切往前衝。要是念研究所就能體會到轉彎與踩煞車的重要，搞不好能使我的專業更精進。

讀研究所時，我一心一意想著趕快拿到學位，即使論文題目和研究主題不是我感興趣的也不打緊。換句話說，我把念研究所當作一個學歷的跳板，做每一件事都想著是否有利於論文完成，因而失去了真正做學問的機會。

雖然如願順利且在預期時間內畢業，也導致我出了社會，到了職場，一旦要和教授級客戶談到專業領域，都會感到心虛不已，表現上也不免失分。

帶小麥來滑雪，我原先設定是來執行任務，雖然技術不好、沒有興趣，還覺得有點痛苦，但身為媽媽總有想要保護孩子的本能，尤其是從事這麼危險的活動，我怎麼能不在兒子身邊。說穿了，就是很單純的陪兒子，根本不期待有什麼收穫，不然怎麼滑雪功力始終差強人意。但這次的滑雪不知道是不是因為暫時把任務拋下，讓我在滑雪時，多了更多想像的空間，多了更多成長的空間。

5

滑雪教我的事2：跌倒不能太多次

滑雪像人生，難免有跌倒的時候，
但跌倒太多次，容易失去站起來的力氣。
軟弱的時刻最需要安全感，
保護與信任，才能重啟勇氣。
父母是孩子的人生教練，不是放手喊加油，
而是要實際陪他度過困難與恐懼。

跌倒太多次，會失去站起來的力氣

「今天我們要到更高更遠的山頭去滑雪，中午不會回到度假村吃午餐，傍晚才會再回來，你們預備好了嗎？」滑雪課程是一刻不得閒的，不只每天都要學新的東西，教練還會檢驗前幾天的學習效果，另一方面，還要幫助學員挑戰自己的潛能。簡單來說，就是爬的山會一天比一天高，恐懼也會一天比一天深。

這天，爬上比前幾天高上幾倍的山頭，映入眼簾的是白皚皚的一片，看不見盡頭，看不見終點線。聽完教練指示，我就由高處往下衝了。

眼前跑過的只有一片又一片的雪白，分不清東西南北，只能朝山下衝。一路上，我跌了好幾次，跌到快失去站起來的力氣。好不容易起身，抬頭一看，發現自己還在看不見終點的高山上，我就害怕下一次再跌倒，就會站不起來。

常聽人說「人生路上難免跌倒」，此時此刻我只想在後面加一句——若是跌倒太多次，就會有害怕、不敢再往前的可能。這正是我當下的心情寫照。

當我身處半山腰，勇氣與恐懼對抗拉扯時，我的無線語音導覽耳機傳來：「再試一次吧，剛才是左腳太用力了，身體的重心歪掉了……。」

教練給的我回饋讓我重拾些許勇敢，並在重新嘗試後修正錯誤。他大概察覺到我的個性容易緊張，一聽到新建議，就會想趕快做到位，於是他降低給予建議與指令的頻率，反而增加了不少讚美與鼓勵「這樣做很好，但剛才那個彎道左腳放鬆了！」「右腳的鋼邊壓得很棒喔！」

我無暇留意教練到底站在哪裡，但從他告訴我的每一句話，我知道不論我在哪，他的那雙眼睛就是一直盯著我，留意我滑雪的姿勢。那雙眼睛不只有「觀察」而已，還帶有一種保護與信任的成分，讓我的「安全感」開始提升。

一個有力的後盾，啓動預備好的勇氣

「繼續走吧，翻過這個山頭就到了。」

『啥，這個坡超過六十度吧！』

這個坡屬於滑道中的黑線等級，算得上高難度了。

一般而言，雪道分成綠線（初階版）、紅線（中階版）和黑線（高階版），黑線雪道特色有三個：陡、彎、長。看著眼前的玩家級坡道，我遲遲不敢往前半步，其他同伴一個個滑下去，只剩我孤獨無援的站在坡邊，動也不敢動。

一位不認識的教練路過，提議要牽著我滑下去算了。教練帶人上山容易，但得想好用什麼方法帶學生下山。我擔心拖累其他人進度，笑笑地婉拒這個教練的好意，持續杵在原地，與內心的恐懼掙扎，閉上眼睛假裝看不見眼前的困難，好希望一睜開眼睛，我就到達山下了。怎麼可能，這不是夢，我在現實裡啊！

「沒關係，你在這裡停一下，休息一下，我不急著下山。」

「我真的覺得你做得到，我可以倒著滑看著你自己滑下山。」

「我就在你前面，不會離很遠，隨時看得到你的情況。」……

我的教練滑到我的面前，停了下來。雙眼堅定地看著孤單又快要放棄的我。他的每句話都透過無線語音耳機，傳進我的耳裡與心裡，我心底傳來「都滑了這麼多次，難道會沒有自己下山的能力嗎！」的回音。

我以為我被教練激發鬥志，心動卻沒有馬上行動，雙腳還是一動也不動，就像是僵化的一個人，沒有說話也沒有動作。教練繼續說：「你要相信我，更要相信你自己的練習。我覺得你可以。還是不行的話，大不了我背你滑下山。」

教練的話像我的定心丸，讓我確信即使天塌下來，還是有教練頂著。**當「你可以！」從一個值得信賴的人口中說出來，是一股促使人前進的強大力量。**

我向教練點點頭，調整自己滑板的方向。我知道，要相信教練，相信自己。深吸一口氣，壓低重心，把雪杖往地上使勁地一撥，都來不及尖叫，我就已經滑行在那個六十度的陡坡上了。教練確實如他承諾，倒著滑領我下山。

做孩子的人生教練，教他做自己的主人

「很好，做得很好，左腳的鋼邊再多壓一點。」

「很好，就是依照這個軌跡滑行，放點膽，再加速！」

「我就在你旁邊，真的不用害怕！」

耳機裡，不時傳來教練不離不棄的聲音。一路上，他不只是展現高超的倒滑技術，還適時地給我技術指導和信心喊話，不疾不徐逐漸緩和了我的緊張。

我想起，小麥非常喜歡並崇拜的滑雪教練（阿勵教練），他不是所有滑雪教練中經歷最優秀的，但他確實是個「好教練」。第一次去滑雪時，我們去了苗場，過程中，兒子不小心跌倒，身邊每一個教練都喊著「站起來啊，剩下一點點就到了！」但兒子大概受到驚嚇，正在懷疑著有沒有能力繼續滑下去。

這時是阿勵教練滑到他的身邊，幫助他站起來，還答應會在他後面跟著滑，要是他再跌倒，阿勵教練都會看到，會隨時給予協助。

那個當下，小麥真正需要的不光是有人繼續相信他做得到，還要實際陪伴他度過困難與恐懼，如果只有在目標那一頭，信心喊話的大人，他可能還是站不起來。小麥從此之後便愛上滑雪，甚至主動想要學習好滑雪這個項目。

在滑雪場上，沒有一個好教練帶著，是不可能順利滑下山的。

父母在孩子的生命中，所要扮演的角色，就像滑雪時的教練一樣，困難很多，挫折很多，跌倒的機會更多。把孩子往山上帶，在他下山遇到瓶頸，只對著發抖的他喊話，要他鼓起勇氣，要他面對恐懼，甚至放手逼他往下滑，都是不夠的。

從自己與小麥學滑雪的經歷中，我深刻學到「真正的教練」會用對的方法帶領學生下山。因為並不是每個人都有勇氣從看不見盡頭的山崖一躍而下，就算他一股傻勁往下衝，萬一跌到鼻青臉腫，跌到卻步不前，很有可能就會對接下來的人生失去信心。一個真正的教練不見得是寸步不離陪著學生，但一定是讓學生信任他，陪他面對恐懼，等他準備好，給他一個「我與你同在」的信任感。

6

滑雪教我的事3：拉人一把的終極精神

教練說，有拉人一把的力氣，
也願意拉人一把，才稱得上高手。
馬尾媽媽說，單純付出是快樂。
後來我終於知道，
爲什麼有這麼多人願意停下腳步，
對可能拉慢進度的陌生人伸出援手。

無助時的浮板，指引一個心安的方向

「Maggie，我上個月剛踏入一個新的工作領域，有許多事情還摸不著頭緒，非常挫折，我可以找個時間向您請教嗎？」

『你客氣了，我很為你開心，也很樂意和你交流分享！』

Maggie 可不是說說，她不僅很快就回覆我，也約定好見面的時間。能獲得 Maggie 的首肯，就像是吃了定心丸。

Maggie 在非營利組織和企業團體中都有豐厚的工作經驗，當她知道我在離開職場十三年後，再度回到社會投入的第一份工作是與公益領域相關時，她不只很為我感到開心，也樂意百忙之中撥給我時間，與她正式見面交談。這讓我由衷佩服起這個「前輩」，她的風骨值得我學習。

某個星期二的中午，我們相約十二點半一起午餐。即使當天 Maggie 已經提前告知因為前一個行程 delay 到，無法如約定的時間準時抵達。但我怕耽誤到 Maggie 太多的時間。刻意早早就到餐廳，一邊瀏覽新工作的文件，一邊等著她。

Maggie 一到，便謙虛地為她的遲到再三道歉。

其實，她大可以不需要這樣做的，畢竟是我有求於她，加上她還是個大前輩，更何況她都提早跟我說會晚到了。或許，這就是她待人處世的態度，只是是我見過許多「很會的人」一副等著別人捧的姿態，反而有點不習慣。

討論的過程中，不論我的問題有多「淺」，Maggie 都耐心傾聽，絲毫沒有「啥，這你也不會」的傲慢，她不只告訴我她做事的心法、方法、想法，最後還幫我這個生手打了一劑強心針：「募款，真的不需要覺得自己矮人一截，因為你只是在做一個行善的傳遞窗口。被拒絕是必經的過程，但是千萬別放棄！」甚至還主動說要整理相關的檔案給我參考。

我一度感到很疑惑，「為什麼 Maggie 要這麼熱心的幫我？」我既不是她團隊裡的人，也不是她的合作夥伴，為什麼她還願意幫我，這是我過去的職場經驗中，從來都沒有遇過的。有能力的人顧著奮力往上爬，是常有的事情。

還記得，在前公司上班時，有一回我要寫某產品的促銷活動計畫，需要先了解產品的進貨成本、物流倉儲狀況、行政人員的流程等，以評估行政層面的成本，然而，這些都並非我熟悉的領域，所以必須向公司裡的前輩請教。

我忘不了那位前輩對我說：「這是你自己的事，我沒有義務教你。」

不求回報，拉人一把的終極精神

問了Maggie，她只說：「我希望你可以跟我一樣做的好。」Maggie不藏私的分享她的經驗，給我立即又建設性的幫助，讓剛進到這個工作領域的我，不再漫無目的，逐漸摸索到正確的方向，少走了不少冤枉路。這讓我想起某一年在高山上滑雪一整天，讓我眼眶泛淚的體悟。

二〇一八年的冬天，我在日本長野縣翻山越嶺好幾天，進行一連幾個整天的滑雪訓練課程。在滑雪場上，不論滑雪道的分級，每一個程度的雪道上，一定都會有滑雪經驗相對不足的生手，和快閃如風、得心應手的滑雪高手。

每當雪道上有人不慎跌倒，又一直站不起來的時候，我就會看見快閃如風的滑雪高手停下腳步，詢問那些駐足的滑雪者「Are you OK ?」一次又一次。

「明明不關他們的事，為什麼還是會有這麼多人願意停下自己的腳步，對那些可能會拉慢他的進度的陌生人伸出援手呢？」我問我的滑雪教練。教練笑著告訴我，真正厲害的滑雪者，真正高手中的高手，不會只顧著自己，而是會在享受速度快感的同時，留意那些在滑道上爬不起來、特別慢的人。

不論國籍，不論膚色，不論男女老少，他們不擔心拉人一把而跌跤。只有不是真正的高手，才會擔心因為拉人一把而被絆倒被拖累。我看到的是彼此不相識的兩個人，沒有因為程度上的差異而存在驕傲或自卑，只有純粹的幫助。

原來是這樣啊。Maggie 不僅是我的教練，也是真正的高手。身為同行的資深前輩，她並不會只顧著自己屢創高峰，她在拉我一把時，也一點都不擔心自己會損失什麼。我好像有點懂了。

不論自己在擅長的領域裡有多麼優秀，只要同在一個雪道上，看到有跌倒而爬不起來的人，都得試著停下自己的腳步，試著給予協助，這種有拉人一把的力氣，也願意拉人一把的人，才稱得上真正的高手。

沒有目的，單純付出就是快樂

小米在就讀國小特教班時，每天早上都有一位綁著馬尾的媽媽，會出現在特教班的教室裡，協助班上的孩子上課與生活自理的訓練。小米算是班上很早到的學生了，但馬尾媽媽來的更早。

不僅如此，她對班上每一個孩子都好熟悉，像是某一個孩子只要一舉手，她就知道這個孩子下一秒會抓旁邊同學的頭髮，馬上更快動作保護旁邊的同學。

一開始，我以為她是特教班上某個孩子的媽媽，因為不放心自己孩子在學校上課的情況，所以自願到班上當義工媽媽，順便看顧自己的孩子。

她就像一個小助教，在班上來來去去，哪裡有需要，她就會出現在哪。後來有機會聊天，才曉得她自己的孩子其實是就讀普通班，不過，她沒有去普通班當說故事媽媽，而是選擇到特教班來服務，一待就是好多年。

我問過馬尾媽媽，「為什麼會想來特教班當愛心媽媽呢？不會覺得在特教班服務很辛苦，而且這些孩子不會給什麼回報，有的甚至連一句謝謝都講不好。」

她爽朗的笑聲如同她爽朗的個性，「哈哈哈，不會很辛苦啊，我反而覺得很開心。」本來我覺得很疑惑，聽了她後面的解釋，我才理解她為什麼堅持這麼做，而且一做就是好幾年，直到小米國小畢業，她還繼續在特教班服務。

「每天來到特教班，跟著這些孩子一起上課，就覺得心情很好。就像小米啊，我最喜歡跟她爭午餐吃，跟她鬥嘴，看她咿咿呀呀說話的樣子，就覺得可愛。」

小米平時不會主動發出聲音與人互動，所以在學校的學習目標中，有一項就是主動與人對話，當別人向她提問或說話時，她必須發出咿咿呀呀的聲音回應，才算達到學習目標。或許對馬尾媽媽來講，特教班的孩子都很特殊——不太會說話、行動很慢、沒什麼思考能力，但是都好單純、好可愛的孩子。

馬尾媽媽嘴裡邊說，邊招呼一位走路不穩的孩子，對話告一個段落，她就自然而然牽著那位孩子，陪他步行到校門口搭校車（回家）。

很多人都說，我照顧小米這樣的孩子，很辛苦很偉大，辛苦是真的，偉大真的不敢當。真正的偉大是像馬尾媽媽這種，彼此間本來就是陌生人，沒有因為程度的差異而存在驕傲或是自卑，只有純粹的幫助。我身邊很多這樣的人，他們沒有因為小米能力不足，說話不清楚而忽視她，反而把最珍貴的時間與力氣用在她身上。

在我的心裡，馬尾媽媽不只是特教班孩子的助教而已，她也幫我這個大人上了一堂「單純的付出就是快樂」的課。

面對一望無際的「雪山」，讓我懷疑人生。
幾年過去滑雪技術沒學好，人生道理倒是體會不少。

7

從油畫課學到隨便的處世態度

當理科腦的邏輯碰上藝術，
當絕對原則碰上老師說的隨便，
我開始練習與享受「自在」。
對孩子教養多一點彈性，
在夫妻關係裡少一點規定，
人生不再堅持照計畫按步驟。

等腰三角形兩腰不等長的插花理論

朋友在自己的花店開了插花課，邀請我去參加。上課地點離我家近，自己的朋友又是插花老師，我就抱著捧場的心態報名了。

一上兩個多月，每次回家能帶回一個作品，美化居住環境，先生兒子都覺得挺不錯的。而我最大的收穫則是「認清自己果然是理科腦」的事實。

想起某次插花課，老師教的插花造型是「等腰三角形」。插花造型就是花材插在海綿基座上後，呈現的外在模樣，基礎造型通常會用幾何圖形來命名。

既然是「等腰三角形」我很懂，就是三角形的二個斜邊要等長。於是，我先以其中一根玫瑰花的長度為標準，開始修剪另一個斜邊所需的長度，半節課都過去了，眼看身邊同學都陸續完成作品，而我卻還停留在「二邊要等長」的步驟——明明都剪好二根一樣長的玫瑰花，怎麼一插到海綿基座上就不等長了。

老師走到我身邊來關心我的進度，隨口說「隨便插啊！」「大概長度就好啦！」不說還好，一聽到老師這樣講，我反而更不會了。腦中不斷翻攪知識區裡「隨便」「大概」的定義，我的腦袋裡，等腰三角形不能不等腰啊。

根本不知道下一步該怎麼走的我，停下插花的手，老師看我一臉茫然，好心上前化解我的無助，她拿起我手中的花材，迅速地修剪一下，往海綿基座上一插，就幫我完成「等腰三角形」架構，笑笑地對我說「你就繼續隨便插吧！」

多上了幾次課，我逐漸明白「隨便」的重要。老師說，花藝當然有其理論，但是更重要的是插花創作者是否能夠享受插花過程中的那種「自在」，自在的作品才會帶給觀賞者一種「雋永的美」，甚至有著「療癒人心的超能力」。

確實，插花應該是要輕輕鬆鬆、不帶壓力、沒有刻意的。理科個性的我向來都是一絲不苟、界線分明，生活中就是少了這種隨便的「自在」，每當糾結之時，常會有一種說不上來的胸悶感。

理科邏輯和意外人生打了一架

這些年來，因為糾結而產生的胸悶感，愈來愈常出現。長期在自我設限的 SOP 下過日子，以為不需要「彈性」，也快忘記「彈性」是什麼，要不是女兒出生，可能忘了意外是存在於生活裡，即使準備再周全，規劃再完善，還是會遇到。

我從小就喜好分明。喜歡數學，高中選理組，大學念了醫學院，碩士選了分子生物的領域，理科的思維方式影響我愈來愈透徹，造就離開課堂，我的生活模式仍是：步驟、順序、條列式，下決定時，更是分析在前，選擇在後。就連說話都會不知不覺直接歸納成「第一點」「第二點」「第三點」及「最後結論是……」。

類似女兒出生時的這種狀況，因為出乎意料，打破我原有的理性思維邏輯。我無法面對計劃以外的事，表面上鎮定且按部就班做治療，內心卻是慌得要命。然而，沒有按著我的計畫、步驟來，那種慌亂感在插花課中又出現了。

在課堂上我的手可以停下來，但在生活中我表面還勉強自己持續進行。我決定要改變自己習慣的邏輯與價值觀，只是連要怎麼學，都讓我想了好久。

我想起插花課老師要求「隨便」的那種自在，這是我可以暫時不受理性拘束，練習改變思維的一個途徑。要是我不要把自己定位在理科人的角色，而是把自己想像成一個藝術家，事情的發展搞不好就不一樣。

藝術和科學是對比度很高的領域，科學講究步驟、實證、研究與理論等，很難有無中生有的事。藝術恰好相反，經常是人內在創作的具體表現，不見得有特定規範。或許透過學習某個藝術領域，可以讓我的個性隨便一點。

刻意練習「隨便」，生活反而更自在

正好離家不遠的救國團學習中心，有油畫課在招生，時間上也可以配合，於是我就報名為期三個月的油畫課。第一堂課是實體靜物素描。老師只交代學員先用鉛筆打草稿，之後就可以開始上色了，這時候，我就卡住了，因為我不知道要從哪裡開始上色，我舉手發問，油畫老師只說「隨便哪裡都可以。」

又來了，我再度因為「不能隨便」而卡住，我停下動作，盯著畫板碎念「什麼是隨便啊？隨便是要先畫背景，還是先畫靜物？」

老師大概覺得我故意找麻煩，而我也覺得老師的回應，有回跟沒回差不多（根本沒有給我想要的明確答案啊），以致我們兩個人一開始還有點互看不順眼。

後來，老師乾脆直接給我一個指令，要我從桌布畫起。

指令一下，我才啟動上色的手。但是桌布畫好了之後，我再度詢問「步驟二」是什麼，接著還有步驟三四五六七……。一堂課下來，我好累，老師也好累，大概在想說怎麼會遇到一個學生這麼在意先後的。

我真的很難理解「沒有標準步驟」的學習該怎麼走下去，而藝術家或許更難理解，藝術的表現到底需要什麼標準步驟。

前面幾堂課下來，我依然很希望老師給我「步驟」，讓我執行，大多時候老師是回我「隨便」，我從一開始的不能接受，到疑惑，到漸漸地體會到隨便的真理，我發問的次數愈來愈少，不是我放棄學習，而是我發現「隨便畫」的時候，內心有一種久違的自在，讓我的畫筆更無拘束。

過去我以標準步驟來學習來生活，這種自在很少發生。我開始渴望持續擁有這一種感覺，也開始期待每周三下午上油畫課。這一學就五年過去了，透過刻意練習，我終於有點明白隨性的那種態度了。

甚至連在真實生活中，我學著不再堅持凡事都要有計畫與步驟，而是學著保留一點「隨便」的成分。當我對孩子的教養多一點彈性，在夫妻關係裡少一點規定，家裡的氣氛無形中變好了不少。

人生有許多事需要刻意學習，因此讓我感覺自己還活著，感覺自己充滿能量，若能從學習中額外體會到一些，整個生活也會有所改變。

從一開始學畫，被理科腦挾制的綁手綁腳，
到後來逐漸能體會「隨便」的那種自在與悠哉。

輯四

當女兒教我的事

用行動來證明孩子的重要性，
因為安全感會讓人長出信心與勇氣。

I

愛無關有無血緣，只在願不願意

媽媽從小被外公外婆領養，
外公說「她是被兩個家庭疼的孩子。」
她照顧年邁的外公從無怨言，
孝順不是流著同樣的血的責任，
而是一份真實的愛，用心的對待，
這從來不受情緒勒索的羈絆。

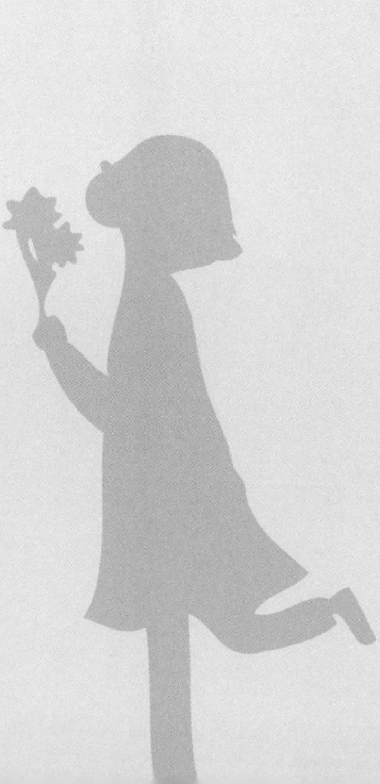

媽媽是同時被兩個家庭疼愛的孩子

我懂事以來，就知道母親是「養女」的身分，她的養父養母（我的外公外婆）沒有生育任何孩子，而是領養了一女一男，我母親就是他們唯一的女兒。

據說，我母親也是從很小就知道自己的身分，因為外公外婆並沒有打算隱瞞或遮掩這個事實，不過，他們從來沒有讓我的母親覺得自己是被親生家庭拋棄，才逼不得已來到新家庭，反而是讓她知道，自己是同時被二個家庭疼愛的孩子。

因為外公外婆的這種做法，我的母親和原生家庭的哥哥姐姐一直有往來，他們手足之間的情感很深厚，互動互助是常有的事。我的母親總是很佩服她的養父養母，有如此的教養智慧，讓她的成長經驗裡，從來沒有被遺棄或自卑的形象，也因此讓她充滿自信和智慧，從她後來當我母親的樣子就知道。

母親說過很多我外公外婆如何照顧她的細節。例如，因為外婆沒有生育所以沒有奶水，但是那個時候的家境，不允許他們餐餐都用昂貴的配方奶來餵養孩子，為了補足孩子的營養，常會需要熬一些米湯，外公除了上班養家，也分擔不少照顧孩子的辛勞，敖米湯的工作都是外公一手包辦，甚至在公司午休時間跑回家裡幫忙照顧孩子，或半夜起來餵奶的事，外公都常在做。

老公工作之餘，能協助顧小孩餵小孩，這些事情在現在聽起來都算難能可貴了，更何況時間發生在六十多年前，那樣男尊女卑的鄉下社會裡。外公為了兩個沒有自己血緣的孩子，甘願犧牲休息的時間，協助照顧，還做這麼多的家務事，難怪我的母親一直以她的父親為尊，侍奉我的外公終老，沒有一句怨言。

外公對媽媽的教養，媽媽對我的影響，讓我相信身教永遠最重要。

長者要的不只是照護，還有尊重與尊嚴

外公還算硬朗，但超過八十五歲以後，身體機能不免漸漸地走下坡，即使他沒有任何的慢性疾病，但是老化帶給他的影響依然持續在發生。我的母親照顧外公的

方式，就像她小時候被外公照顧的方式，讓我懂得愛並非只有照護日常起居、給予物資金援，或自以為好就對長輩約束，而應該包含「願意」與「尊重」。

就像外公的視力愈來愈差，看什麼都模糊，連原本的眼鏡都不再戴了，因為就算戴上眼鏡，也是看不清楚了，這對他的衝擊是很大的。外公從年輕時就有寫日記習慣，從來不曾中斷，即使下班後還要應酬，身體再累還是至少會在書桌前、用張便條紙簡單記下內容，隔天再補在日記本中。只是眼睛功能衰退，不僅無法繼續自己最喜愛的書寫，很多事情都做不了。

於是，我媽媽為了讓外公還有「功能感」，就把所有的統一發票號碼，用黑色簽字筆放大抄錄在一大張紙上，然後跟外公說：「你是我們家最細心的一個，對發票的事就要麻煩你了。」我以前不懂，還覺得媽媽這樣做很多此一舉。

不過，她告訴我，只是簡單抄個數字，就能讓老人家覺得自己有「存在感」，哪是多此一舉，是很值得的事情啊。後來，我也把自己家的發票收集好後，每二個月寄回花蓮「麻煩」外公幫忙對。說也奇怪，原本很少對中發票的我，換給外公對後，每次一定中一兩張，看來外公真的是我們家最細心的那一位。

人老了，能吃的愈來愈少，能走的路也愈來愈少。

為了讓外公吃得營養又有尊嚴，媽媽不是刻意把食材剪碎或搗爛，而是改變烹調方式，設計許多新菜單，做出外公和一般人都能接受的菜餚。媽媽說，老人家牙口不好，還是有好好吃飯的權利，不能隨便，只要是人都需要被好好對待。

另外，在外公自覺體力變差，只願意在家裡一二樓移動後，媽媽為了激發他出門散步的動力，胡亂編了理由，說自己體重過重，血壓控制不好，醫生說要多走動，就拜託外公陪她在飯後去附近散步，還說要是自己一個人一定很快就會放棄，外公心疼他這個女兒，二話不說就同意了。

超乎血緣的愛——沒有前提，沒有條件

記得有一次，我因為太心疼母親為了照顧外公的生活，自己的身體健康和經濟壓力都顯得有些吃緊，擔心她太累、過勞，隨口便向母親提出自己的看法，說「外公的另一個養子，多少應該負一點照顧的責任吧。何況，他已經承接了外公大部分財產，怎麼反而把外公丟給你，要你一個人負起全責呢？」

此話一出，引來母親的震怒，她說：

「我照顧我自己的爸爸，從來不是因為責任有多少，才不管其他人是否如此行（奉養父親），我都會照顧好自己的爸爸，就像他在我小時候照顧我一樣。雖然我不是你外公親生的，但是他對待我是比親生的孩子更好，你們姐弟從小就跟著外公生活，應該知道孝順不是因為血緣的責任，而是一份真實的愛，用心的對待。」

我突然感到有點羞愧。是的，我們姐弟都看在眼裡，也都明白。

「媽媽，妳為什麼這麼的愛我？」小麥經常童言童語這樣問我。

「因為你是媽媽冒著生命危險才生下的孩子啊，所以我超級無敵的愛你，愛你愛到底。」我都是這樣不加思索，直接回答他的問題。

「那如果我不是你冒著生命危險生的，你就不會愛我愛到底了嗎？」小麥的第二個問題，讓我想起母親和她的父親之間的愛。

我的媽媽和她的爸爸，沒有血緣關係，他們從來沒有拿「你是我生的，所以你要怎樣怎樣」，或「我流著你的血，所以我要照顧你」這類親情勒索來要求對方，卻彼此都心甘情願為對方設想與付出，我在他們身上看見「愛無關乎血緣」的真理，單單我愛你。後來，我回答小麥不再說「因為他是我生的」，我會說「媽媽愛你，沒有理由，沒有前提，沒有條件。」

2

我是看著做公益的背影長大的

媽媽以「利他」爲圓心，
以「做就對了」爲半徑畫生命的圓。
曾經以爲名利才是勝利的我，
竟然選擇了非營利組織的工作機會。
我開始想「要給孩子什麼背影」，
這是我做決定前最優先的考量。

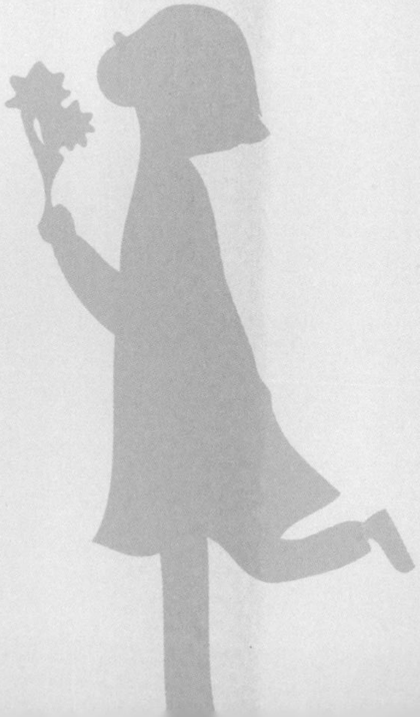

開著小貨車，擔任連接資源的角色

「快點上車，我還要載東西去育幼院！」

媽媽坐在小貨車的駕駛座，催促著我加快動作，這是小時候常有的情境。在四十幾年前，我的媽媽算得上是很man的媽媽，她會開著手排的小貨車，來來去去，送貨搬貨都難不倒她，開車的架式與技術也絲毫不輸其他男性。

媽媽會這麼「厲害」不是沒有原因的，大概是從小耳濡目染，外加特別訓練出來的結果。年輕時候的她要幫家裡的石材加工廠載運貨品，沉重的石材或加工成品天天搬上搬下，不知不覺就練出一身好臂力了。

除此之外，她還常開著小貨車，做「連結資源」的事情。

在那個網路不普及、資訊不發達、消息傳遞又慢的年代，有許多善心人士有意要提供物資給需要的人，卻不曉得需要的人在哪裡，或不知道該怎麼把東西送到這些人手上。心有餘而力不足的時候，只能把滿腔的愛心擱置下來。

因為工作性質的關係，媽媽成天東奔西跑，要與人接觸交談，親和力超強的她，各行各業的人都有認識，能知道的事情，當然比街坊鄰居多一點。

加上她的個性親切又溫暖，經常透過機會詢問有沒有需要幫助的家庭，自己也會留心被人忽略的角落，因此常常會有人來請媽媽幫忙，託付她來「連結資源」，協助分送善款與物資給需要的人。

某天，媽媽開著載滿米的小貨車，來學校接我下課，因為她要把某位善心人士捐的米，送到一個育幼院去。媽媽去過那個育幼院，知道裡頭糧食很缺乏，就找了個機會把這個消息傳遞出去，一段時間後，募到了幾袋的米，她好人做到底，繼續做「連連看」的工作，希望最短的時間內，育幼院的院童可以吃到這些米飯。

沒有刻意沒有怨言沒有委屈的付出

因為媽媽的熱心，十幾歲的我第一次踏進育幼院。眼前所見到的畫面令我印象深刻，至今還忘不掉。好多跟我年紀差不多的小朋友，有的待在教室裡，有的站在走廊上，已經記不得他們在做什麼了，只記得環境有點髒亂擁擠，也許是空間不大吧，整個育幼院鬧哄哄的。尤其是小朋友身上穿的衣服，似乎像偷穿大人的衣服一般略顯大件，有的上面還有些汙漬。這和媽媽給我的照顧很不一樣。

那時，我不知道育幼院住的是什麼人，但明顯看出我跟他們的差別。

至少，媽媽從來不會給我們穿比身材大很多的衣服。她認為，每個階段都要穿適合的，不能為了方便，勉強著穿哥哥姐姐或弟弟妹妹的衣服，這樣才能顯現出自信。媽媽不怕我們把衣服玩得髒兮兮，但她會注意衣服上的汙漬有沒有清洗乾淨，她老是說「從細節就能看到一個人真實的個性。」

媽媽俐落地把所有的米卸貨後，一句話也沒說，就把我帶離開育幼院。回家路上她沒有特別說什麼，換成一般媽媽（可能包括現在的我），難免會試著說一些「有沒有覺得自己很幸運。」這種「教訓」或「暗示」自己孩子要惜福的話。雖然媽媽不說，但我透過自己的眼睛，就懂了好多事。

很多年之後，我也當媽媽了。我問起媽媽：「為什麼沒有好好利用送米去育幼院的機會，給我來場機會教育呢？」媽媽反問我：「為什麼要這樣做？」

原來，媽媽始終認為「送米去育幼院」這件事，很單純就是要把善心人和需要的人連在一起，並不是有心製造教育機會才做的，所以她不是忘了教，而是壓根沒想過要刻意跟我說什麼。確實，媽媽做公益的心，一直就是這麼單純，沒有夾雜其他用意，幾十年來如一日，她所做的沒有怨言或委屈。

以「利他」爲圓心的人生信念

媽媽的單純讓人擔心，但因此更肯定她對我們的愛。

小學六年級某天中午放學，突然下起傾盆大雨，幸好那天放學是媽媽開車來接我和弟弟。我們姐弟一上車，還在爭先恐後要跟媽媽說學校發生的事（這是搭媽媽車必定會上演的劇碼），怎知車突然慢下來，緩緩地往路邊開。

媽媽搖下車窗，把頭稍微探了出去，任憑雨水打在臉上。她問了一個走在路邊的同學「你沒帶傘嗎？你家住哪裡啊？來，上車，阿姨送你回家。」

淋雨的同學很鎮定，倒是我和弟弟被媽媽的熱情嚇了一跳，才要阻止她繼續問，那個溼答答的同學就搖搖頭，說「不用啦！」

偏偏媽媽的熱情不減，繼續邀請這位落湯雞搭便車，但這個同學堅持不上車，揮揮手就自顧自的往前走去，媽媽也就不好再勉強下去。

等媽媽把車窗搖起來，把車開回到快車道上，我忍不住用半指責的口氣問媽媽，「你幹麻突然說要載陌生人啦，這樣別人會覺得妳很奇怪耶！」弟弟也接著說，「對啊，看他淋得滿身溼，他如果上車，我們車子也會溼掉耶！」

媽媽邊開車邊說，「啊，我沒想這麼多呀，看到他淋成這樣，就只是在想說，如果我沒有來接你們，你們可能就像他這樣無助地走在雨中。萬一都沒人願意停下來幫你們一把，我知道之後，一定會很難過的。」

年紀還小的我和弟弟，自然咀嚼不出媽媽這段話的深刻含義，兩三句就結束了這個對話，畢竟我們還等著跟媽媽分享在學校發生的事情。

但有很多的事情，都是到自己當了媽媽才會懂的。回過頭來想，才發覺那時媽媽把愛我們的心，延伸到其他孩子身上了。她同理我們可能的遭遇，讓她單純地想去協助那些可能需要的人，即使對方不領情。

這樣一個凡事以「利他」為圓心，以「做就對了」為半徑來畫自己生命的圓的媽媽，她用她的圓包容了我的自私，也影響我後來選擇去做的事。

大學時期，我選擇加入服務性的社團，在社團學到的第一件事情，就是「把自己想做的事，影響其他人，讓他們一起做」。文言一點講就是「拋磚引玉」，白話一點說就是「募款」。把一件「不會賺錢（沒有好處）的事」讓更多人願意參與或投入，確實不是一件容易的事情。這當中最重要的一個核心價值，就是「利他主義」——**單純地為別人的需要而做，不為別的。**

媽媽的背影，影響我下半場職涯選擇

或許是媽媽的「利他圓心」已經畫在我的生命裡，所以當我在大二時，以一個大學生之姿，代表社團對一家知名企業執行長簡報社團服務隊的計畫後，不只獲得執行長點頭，募得我們社團服務隊一半的經費，他還給了我一個數學家教的機會，讓我在大四畢業前，為自己賺生活費。（當時，我正在積極尋找一份安全又穩定的工讀機會，以減輕家裡負擔。）

不諱言，研究畢業後的人生，我選擇往名與利的方向走，主要是我不想浪費媽媽在我的學歷上所投資的心血，也以為這樣，能讓她以我為榮。

但在我暫停十三年職場競爭，再次復出時，我面臨二條路的選擇。一條是加速彌補過去十三年少賺的，好的薪資，好的頭銜。另一條是不會賺大錢，也不太有名的路，但能讓更多人的需要被補足，讓願意付出的人有支持別人的機會。

後來，我選了後者，走入非營利組織中華民國雙躍關懷成長協會，這個協會的服務對象以臺灣偏鄉與部落地區的學童及青少年為主，我負責的是協會對外公共關係、資源連結與行銷募款等工作。

我把從媽媽身上學到的公益理念，建立到所服務的計畫中，讓更多人有機會接受進而參與。我的人生下半場職涯的選擇，表面上看起來是一個大轉彎，甚至根本是從零開始，但只有我自己知道，我是回到原本該走的那條路，回到我生命本來就該有的樣子，接續媽媽給我的使命。

要接下這份工作之前，我曾經慎重地詢問過媽媽的建議，我把我最在意的考量點告訴她：「如果我選擇第二條路，可能荒廢了妳栽培我念醫學院的期待，妳會不會覺得很可惜？」媽媽的回應讓我決定跟著自己的本意走。

還記得，媽媽笑著對我說：「妳覺得我一生為你所做的任何事情，都只是在等待未來有所回報嗎？如果真的要說想要什麼回報，那就只有妳能懂得把日子過得心安理得、過得快樂而已，沒有其他的了。」

有一句話說「孩子是看著媽媽的背影長大的。」從小，我就看著媽媽，看她努力工作養家，看她熱心助人、不求回報，就這樣看著，好像不需要特別教什麼、告誡什麼，我自然而然就看懂了她的心，慢慢地想要變成她這樣的媽媽。

如今我自己也有了一個女兒一個兒子，我也常在思考我要給孩子什麼樣的背影，這將是我人生做每個決定最重要的思考前提。

3

從不問薪水多少，只問我快不快樂

媽媽問的都是「工作快不快樂？」
以爲她詞窮，後來才懂那是種信任。
我喜歡問兒子「今天開心嗎？」
當他覺得被信任，人生會充滿自信。
老公覺得我關心他的心勝過胃，
其實我是想喚起他感性的那一面。

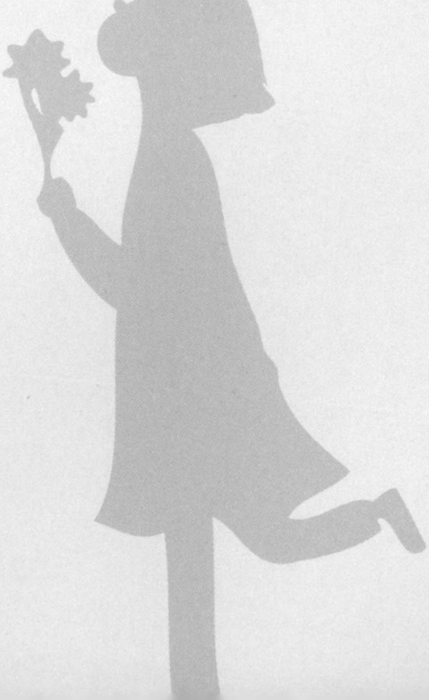

念研究所的初衷，都是現實考量

大學沒畢業前，我就決定要念研究所了，媽媽對我做的任何決定，態度始終只有支持，鮮少反對，她曉得我知道自己的目標，即使家中經濟狀況沒有很好，她還是讓我繼續念研究所。我很清楚想念研究所不是因為「會念書」或「愛念書」，單純是想多拿一個文憑，讓我出社會後薪水可以多領一點。（當時，國科會研究助理人事費的標準，碩士學位比學士學位的薪資多了近六千元。）

我選念的研究所課業比其他研究所重，很多研究所只用報告來做為評量成績的標準，而我們所上的教授一向嚴謹，不只報告照交，一學期還有好幾次筆試測驗，加上寫論文，壓力真的大到不行。更何況大學時我念的是保健營養相關專業，研究所為了未來的「出路」轉換跑道，選擇細胞及分子生物研究所，算是整個打掉重「念」，除了埋頭苦讀，還是埋頭苦讀。

但我很清楚自己的初衷是如此勢利（拿文憑），每一次在實驗室做研究碰到瓶頸時，我就會提醒自己無論如何都要在二年內拿到學位，才能順利出社會、到職場多領那六千元。我不想給自己任何轉圜的餘地，就算多個半年都不行。

勢利成了我的動力，研究所的二年大概是我這輩子最認真讀書的時期。

研究所畢業前夕，我就找好了工作，畢業即上班的無縫接軌，讓我更相信自己的辛苦沒有白費。開始上班後，雖然時間不比念書時自由，我仍常打電話回花蓮老家問候。我的外公和媽媽問的總是：「工作開心嗎？跟同事相處好嗎？」不然就是提醒我要按時睡覺吃飯，好好照顧身體，不要為了上班犧牲健康。

原本我以為這些是每個家長都會關心的，直到有一天，和幾個研究所同學聚餐時，才曉得不是每個媽媽都會問這些。

不是每個媽媽都會問「上班開不開心」

茶足飯飽之餘，A同學抱怨起他的媽媽，老是嫌他的薪水太少，常常酸言酸語地挖苦他：「當初讓你多念幾年碩士，就是希望你薪水可以多一點，怎麼反而薪水還不如只有大學畢業的某某某。」

就我看來，A同學的工作不只是發揮所學，也是他一直以來喜歡的領域，每天都是開開心心的出門（上班），唯一的不開心大概就是媽媽嫌他的薪水太少。其實，比起我們這些同學，A同學的薪水不算少了。

在場的同學，針對這件事似乎都挺有共鳴的，愈聊愈熱鬧，有個同學開玩笑地嚷嚷「媽媽不問你薪水，難道問你心情嗎？」聽到這句話，換我有點心虛了，我媽真的沒有問過我的薪水，對於我的工作，她最常問的一句話就是「工作開心嗎？」幾次下來，我還在想是不是太常打電話回家，媽媽都詞窮了。

被A同學這樣一提醒，我就想找個機會問問媽媽，到底為什麼從來沒有關心過我的薪水領多少，而是每次都只關心我工作開心與否。

媽媽告訴我，她信任自己，也信任自己的女兒。她覺得她生她養她教的女兒，找工作時一定會進行全方位的考量，不會只是為了薪水，「我看你大到公司規模與發展性，小到公司地點與通勤方便性都有想過吧？」

我還真的全部都有考慮過一輪。「那就對啦，既然我知道妳會去思考分析才做出的決定，我就要相信你的決定，那我和阿公最需要關心的，不就只剩下你有沒有開心過好每一天。你還記得小時候，我最常說的那一句話嗎？」

「凡事不愧我心，盡力而為。」這是媽媽最常說的。

「媽媽只擔心妳太盡力做每一件事，而忘記照顧自己的心，所以我才會每次都問你『工作開不開心？』這是我真的想知道的，也是提醒你要問自己的。」

獲得信任的孩子，才會擁有自信心

我家兒子小麥，三歲開始上幼兒園，那時我雖然全職在家照顧小米，但還有看護協助，所以我能撥出時間，親自接小麥放學，通常都是我站在校門外等他出來。我見到他的第一句話，通常不是「你今天開心嗎？」就是「你今天過得好嗎？」然後母子就邊步行回家，邊聊當天發生的事。

我本來沒發現自己有這個開場白，沒想到卻讓小麥聽習慣了。

有一天，王醫師休假，他去接小麥下課。小麥一進家門，我就覺得他心情不大好，問他怎麼了，「今天在學校過得不開心嗎？」

他氣呼呼地說：「爸爸都沒有像你這樣，會問我『今天開心嗎？』他只會問我『今天在學校上了什麼課？』『有沒有學到新東西？』。」

我好像突然讀懂了當年A同學的心情。

當孩子已經盡力在學習和表現時，他內心更需要的是父母的信任，還有顧及他的心情，要是只關心「成果」如何如何，就像在質疑孩子的能力。

在我問小麥「今天開心嗎？」他總是會先跟我說不開心的小事，然後才會講開心的部分。一開始，我以為這樣的表達順序，是因為小麥的個性比較悲觀，總是先想到不好的一面。有機會跟兒童心理專家聊起這件事情時，他的見解讓我知道自己是多慮的。孩子願意先分享不好的那一面，是一種信任的表示。

一個人願意在另一個人面前把弱點表現出來，或表達他的挫折、難過等，代表他知道在這個人面前，可以全然做自己，不需要任何的隱藏掩蓋，不論是好的他或不好的他，都會被愛，都會被接納，不會被討厭。

這個兒童心理專家告訴我，由於我對小麥信任，讓他的心裡長出他對媽媽的信任。而且很多研究都指出，被信任的人，才會有自信。「你家的小麥不是悲觀的孩子，他是有自信的孩子，會先講不開心的事，是他對你撒嬌的表現。」

一生的果效，是由心發出

聖經上有句話說，「你要保守你心，勝過保守一切，因為一生的果效，是由心發出。」一人的生命如何發展，很容易受到心志的影響，心並非指生理上的心臟，而是情感、思考、欲望與選擇等層面。

就像新聞報導常看到的，某些人明明既聰明又富有，在許多人眼裡的人生勝利組，卻出人意料走上犯罪一途，很多時候都是心出了問題。

我的媽媽不是基督徒，但很明白這個道理，我猜大概是外公傳承給他的習慣。媽媽對我的影響，讓我關心小麥開不開心，勝過他學了多少東西。

原來我對王醫師也是這樣子。不論王醫師幾點回家，問他的第一句話通常是「你今天好嗎？」我關心他的心勝過胃，王醫師常開玩笑說我都讓他餓肚子。

同樣是說一句「今天開心嗎？」對王醫師說和對小麥說，意義完全不同。王醫師一直以來都是個對自己很要求的人，精進自我能力，會讓他的「理性思考力」一日比一日茁壯，這是身為醫生必須的，但不自覺中，減弱了他的「感性思考力」，甚至連發覺自己情緒的能力都會失去。我因著心疼他與愛他的緣故，期待用簡單問句，讓他保有那一份感性，不論是在生活裡，還是工作中。

媽媽當年直接忽略問我領薪水多少，而是長時間的關心我在工作時快不快樂，背後所傳遞的信念，不只影響了我這個「女兒」，也影響了我這個「媽媽」，更改變了我這個「太太」。這種信念上的傳承，進而保護了我的家庭，特別是我的家經歷這麼多風風雨雨，依然挺直向前，沒有破損。

4

當直升機媽媽不是最難的

本來無視我賴床的媽媽，
打了一年長途電話叫我起床上課，
這是她想的無壓力關心法。
人生就像學騎腳踏車，
放手是必要的，跌倒是一定的，
但孩子有你陪伴，就不會怕。

每天早上七點的一通電話

「鈴——鈴——鈴——」剛上大學那學期，每天七點，床頭電話就會準時響起。

「七點囉，第一節的課（八點）別遲到了！」（媽媽聲音總是溫柔。）

「喔——好——」（半睡半醒的我反射性回話。）

「昨天發生一件事超好笑……。還有，我今天要……，嗯，你醒了嗎？」（電話那頭，媽媽總是自顧自地說著生活化的內容，也不管我有沒有在聽。）

「你跟我講這麼久，我不想睡了。」（我對媽媽掛保證。我真的醒了。）

上大學時，我一個人從花蓮北上到臺北念書，在外面租房子，因為醫學院第一年的課業很重，一週五天有三天都是早上八點的第一節課。

我天生愛賴床，但小時候媽媽根本沒在擔心，她總說「遲到是自己的事，就算被處罰也要自己負責。」早上通常只會喊個一兩次，就不理我們了。沒想到，媽媽突然轉性了，還在這個我應該要獨立的十八歲。

媽媽花了一學期的時間，每天 morning call，用幾分鐘跟我聊聊天，陪我度過我人生第一次獨自外宿又必須早起的歲月。多虧媽媽，我上課幾乎沒有遲到過。只是那時年紀還小，沒有發現媽媽的用心良苦。

出社會後，才和媽媽聊起那時大一自己一人外宿，偶爾還是會害怕。沒想到，媽媽都懂，她說「不然我整學期早上打電話給你，跟你聊天，是打假的喔！」

原來媽媽不只是怕我賴床影響課業，還擔心我不適應外宿生活。偏偏自己無法就近照顧，就想著有什麼，既不給壓力，又能讓我感受媽媽一直都在的方法。她笑說「不然每天想不一樣的話題，很累耶！」我的媽媽總是這樣溫暖又搞笑。

孩子知道你在，就不害怕跌倒

後來，我當媽媽了，我一直在想如何讓我的兒子小麥學會獨立負責。十幾歲的年紀，放手讓他自己做，他又做不好，緊抓著不放，他又不會長大，為了這樣的教養矛盾，我又找上我的教養師傅（我的媽媽）。

「緊抓看似吃力，其實最容易，放手看似無力可施，其實最難。」

媽媽再次提起「打電話叫起床」的事，她反問我「你知道為什麼我當初要用電話聊天的方式，陪你度過早起的日子嗎？」當初我面臨很不同以往的經驗，難免會有難關要闖與誘惑要滅，所以媽媽選擇在即將放手前，陪我走一段路。

媽媽讓我不會覺得自己被拋棄，讓我知道有個人陪著，讓我知道隨時可以求救。她說，「等你有力量去面對新挑戰，媽媽才能真正的放手。要不然，大二我沒再繼續打電話了，你不是還是能趕得上八點的課嗎？」

這就跟很多人學腳踏車的經驗一樣，因為有爸媽在後面扶著，所以敢往前騎，不知不覺就學會了。小麥三、四歲，開始學騎腳踏車，起初他一直不肯讓我把輔助輪拆掉，我半哄半鼓勵，告訴他一次只要騎五秒，而且我保證會一直扶著車後座，不會放開。那時，小麥一心只注意我的手有沒有放開，不看前方的路，騎不到五秒就放棄（雙腳踏地），幾次親眼證實之後，他相信我的手會一直在他背後，他的眼光才願意轉向前方，慢慢從五秒，增加到十秒，愈騎愈有信心。

後來，我告訴小麥：「我一直彎腰扶著車後座有點累，可不可以只幫你扶五秒就好？」小麥反問我：「那如果我跌倒了呢？」

我說：「我會一直在你身旁，就算你跌倒，我也會馬上去扶你起來。」就這樣，小麥同意我的提議。過程中，他跌倒好幾次，我都第一時間上前，把他扶上座位，最後他順利學會騎腳踏車，還克服心理障礙，學會轉彎，他開心的說：「媽媽，我會騎腳踏車了耶！」我也很開心。

不只學腳踏車，任何事情都一樣。

陪小兒子學騎腳踏車的過程，我再次被提醒，想要孩子學會一件事，或要他能獨立能負起責任，不只是單單放手不管，他就會自己變成你期待的那個樣子，而是要彎著腰陪在他旁邊，幾秒鐘也好，讓他知道媽媽一直都在，這樣他才能安心地往前看，即使過程中他可能會跌倒，但是他不會放棄。

抓緊孩子不難，有智慧放手才難

我的朋友大部分都成家了，就算沒成家，多半因為工作或求學，搬到外面獨立生活，跟父母分隔兩地，只能靠打電話或通訊軟體聯絡感情。最近有個朋友跟我抱怨，說她母親很愛酸言酸語，說「不打電話回家，就是不關心媽媽。」

有時，不過就兩三天沒有主動聯絡，她媽媽就會自己打電話來，然後，劈頭就講這種讓她難受的話，感覺像一種勒索，害她真的很逃避打電話給媽媽。

她問我，「最近有打電話回家嗎，你媽會不會這樣講話啊？」我當下覺得有點不好意思，因為我打電話回花蓮老家是以「週」為單位計算的，一忙起來，幾個星期沒打是常常有的事。當天回家後，我趕緊撥了通電話給媽媽，跟她自首自己的疏忽。媽媽說，「我就想你可能比較忙，才沒有打來。你有事情一定都第一個跟我說，沒有打電話來，應該就是平安無事的意思啊。」

對於媽媽的自我安慰，我很慚愧也很抱歉，她總是為我著想，永遠為我留個臺階。另一方面，我很開心媽媽對我的放手和信任，她知道我會永遠都把她放在心上，更自信「女兒有事情一定會第一個讓她知道」。

這是一份多不容易的親子關係啊，不過，這並非一蹴可幾，我的媽媽可是用了幾十年在經營與建立，而且持續的加溫中。

媽媽常說，要當直升機媽媽、一天到晚跟前跟後並不難，最難的是如何有智慧的放手。身為父母，愛女愛子心切理所當然，希望孩子一路順順利利，最好不要奔波受挫，似乎合情合理，但過分介入孩子的生活，過度保護、照顧或擔憂，在子女身邊盤旋偵查，插手干涉，這樣愛孩子的方法，可能會變成「礙孩子」。

期待孩子未來能夠展翅高飛，是需要教他飛，而不是揹著他飛，不然他永遠獨立不了。放手，是需要學習的，孩子要學，大人更要學。

5

約失戀的我看鐵達尼卻呼呼大睡的媽媽

人生難免遇到煎熬的低潮，
母親實際陪伴，給我足夠安全感，
讓我放心當女兒，長出自信心，
走過那一段不容易的路。
安全感能給孩子闖關的勇氣，
讓他願意面對恐懼、接受挑戰。

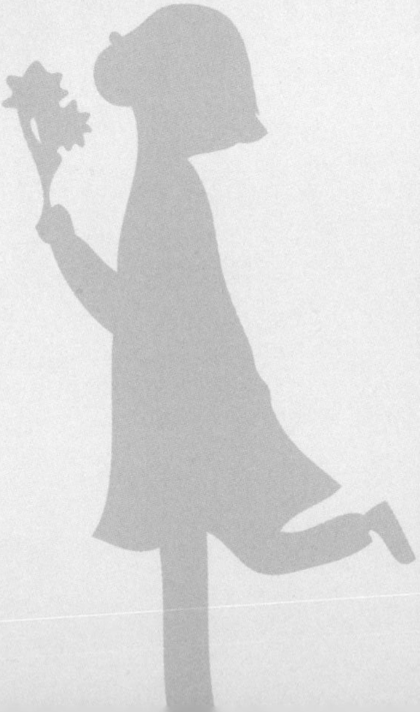

想盡辦法讓我不覺得孤單的媽媽

去電影院看電影的次數，應該五支手指頭就數得完的媽媽，竟然主動說「女兒啊，我們兩個一起去看電影吧。」我當然知道不是她自己有多想看，而是那一陣子正好是我失戀療傷期，我剛結束一段超過六年的感情。她一知道我失戀，就想盡己所能讓我知道自己不孤單，讓我知道天塌下來還有媽媽陪。

媽媽擔心我陷在情傷中，每天打長途電話給我，天天想有趣的話題跟我聊天，用她的方式，陪伴正處於低潮的女兒。印象中，從來沒有批評過任何人的媽媽，居然破功了，老是說「那個拋棄我女兒的人啊，真的是眼睛糊到蜊仔肉。」回想起來，我媽真的是為了鼓勵自己的女兒，什麼瞎話都可以講。

正常情況下，我一有機會回到花蓮的家，一定會把行程排滿，呈現一直跑「攤」的狀態。然而，情傷那陣子，我回到花蓮根本哪也不想去，成天渾渾噩噩，無精打采，行屍走肉，任誰來約都約不動。媽媽大概是想到我那個無緣的前男友，是個很懂得生活情趣的人，交往時常帶我去看電影，就乾脆叫我「陪她」去看電影，看能不能讓我心情變好，還說「看電影院最流行什麼，我們就看什麼！」

然後，我們去看了一部愛情大片，我不確定這算不算在傷口上撒鹽。一九九七年，最夯的電影就是《鐵達尼號》，一上映票房就開紅盤，早就聽說電影院天天都大排長龍。媽媽根本不太知道鐵達尼號的故事背景，壓根也沒想看什麼流行的電影，用猜的也知道，她只是不想讓我覺得很孤單很可憐。她最常掛在嘴邊的一句話就是「沒男朋友陪沒關係，媽媽陪你」，電話裡講，見了面也講。

拗不過媽媽的「盛情」邀約，半推半就出了門。我們來到那個年代在花蓮還算頗有規模的國聲大戲院，買了當地人去看電影一定要配的小攤販燒番麥（烤玉米）。開演沒多久，我耳邊傳來規律的呼吸聲，轉頭一看，原來吃完烤玉米的媽媽已經睡著了。心情不怎麼美麗的我，看到這一幕，發自內心地笑了。

我沒有吵醒她，因為她平常很少有機會好好睡個午睡，那陣子肯定擔心我的感情事，擔心到睡不好覺，在這樣燈光暗氣氛佳的電影院，就讓媽媽休息一下吧。

超過三個小時的電影，伴隨著媽媽安穩的呼吸來到尾聲。我怕媽媽覺得不好意思，還刻意在戲院開燈之前，技巧性地吵醒不知道睡了多久的媽媽，讓她不致於慌慌張張地醒來，好讓她想要陪伴失戀女兒看場電影的好意完整的被保留下來。後來，再聊起這件事，媽媽總是笑著說「是電影演太久了啦。」

實際陪伴遠比講大道理更有效

我身邊有很多年齡相仿的朋友，都生了小孩、當媽了。每次和她們聊起，身為一個母親該如何陪孩子度過生命的低潮、母親的手到底要探到多深，或放得多鬆、給多大信任感等話題時，我都會想起那一年媽媽「陪伴」我走過失戀的日子，尤其約失戀的我去看如此浪漫的《鐵達尼號》。

我的媽媽真的就是單純陪伴，不是開導或說教，而是用實際的行動陪著我，讓我知道自己不是一個人，帶著我走過那一段不容易的路。

人生在世，難免會遇到幾個自己一個人衝破不了的低潮，大女兒的出生是我人生中的意外，更是低潮，我的媽媽一樣用實際的行動來陪伴我。

我與王醫師都是有紮實醫學背景的人，我媽沒有高學歷，她講出來的話多半跟她的身分一樣平凡，卻總能讓我把一顆懸著慌亂著的心沉靜下來。

小米出生後，我常常要帶她跑各大醫院做檢查，讓專業的醫師來評估她的發展狀況，及提供後續醫療處置的建議。有些很細微的檢查（如視神經傳導檢查），北部只有某一二家醫院有儀器能做。加上有時我們也想多聽聽其他醫生的建議，所以跑醫院成了家常便飯的事。

小米五六個月大時，我安排一家新醫院做評估，王醫師因為工作關係，抽不開身，無法請假陪我們去，偏偏當時的我，非常害怕自己一個人面對評估結果，即使我早就知道結果不會太好，還是很難一個人去承受醫師說的任何一個字。

評估的前一周，電話上我隨口跟媽媽提到「要自己帶女兒去醫院做評估」的事。她緊接著就說自己下星期有空，想要來臺北走走逛逛，順便要看看小米。

我知道媽媽是「故意」有空的，雖然她沒直說，但她要說的就是「我陪你去，你別怕！」當天，我一聽到評估結果又是潸然淚下，幸好媽媽陪在我旁邊，讓我可以好好地哭一頓，再好好地走出醫院。

足夠的安全感讓我長出信心

世上只有媽媽好，有媽的孩子像個寶。這句話在我當媽媽後，感觸更加深刻。在母親的懷裡，我安心放心享受一個女兒的身分，因為母親給我的安全感，讓我能長出信心，去面對恐懼、打擊、低潮等，並在大部分時候，充滿自信。從小到大母親對我的教養方式潛移默化，我也學著當一個讓孩子有安全感的媽媽。

給年紀愈小的孩子安全感，愈能讓他放心地接受挑戰。

我還小的時候，媽媽出門工作，不可能放我一人顧家，我只能寄人籬下，有時待在外公外婆家，有時則待在阿姨家。對方總會教媽媽「要偷偷溜走，不然小孩看見就會走不掉。」不過，媽媽每次都會讓我知道「媽媽要出門了」，並告訴我「幾點回來接我」，所以我從不害怕或埋怨媽媽把我寄放在別人家。

我自己當了媽媽，我也習慣用這個方式教孩子。不論去哪裡，去多久，我都會跟孩子說清楚講明白，我想讓孩子知道「媽媽不會突然消失」，而且會遵守約定的碰面時間，用實際的行動來給孩子足夠的安全感。**有了足夠的安全感，在面臨新挑戰時，就會更有勇氣。**即使孩子年紀還小，一樣有效果。

我兒子三歲時去上幼稚園。前一天我陪他預備自己上學的物品，除了讓他知道明天要開學，也告訴他明天五點一放學，就可以看到我了。最重要的是讓他知道「上課的時候，媽媽在家照顧小米姐姐，媽媽沒有不見。」

開學第一天，我們沒有出現一般新生會有的「十八相送戲碼」，送他進幼稚園、老師牽他走上階梯，兒子回頭看看我，我對他說「下課就會看見媽媽了，媽媽沒有不見。」他笑笑地繼續往階梯上走去，進入一個新的挑戰階段。

6

「就是想親眼看到我女兒沒事！」

媽媽一聽到我們一氧化碳中毒，
生意丟著就立馬坐火車北上，
誰都阻止不住她要親眼確認我沒事的任性。
唯有眞實經歷，才能體會母愛的重量，
因爲愛太難懂太抽象太撲朔迷離，
我的媽媽是用行動力來讓我體會的。

意外眞的來的比明天還要快

二〇一一年的冬天，半夜二點多，正是熟睡的時候，我彷彿聽見王醫師下床的聲音，沒幾秒鐘又聽見「碰！」好大一聲，睡意被打散了一些。

心想，大概是廚房的門沒關好，被強風一吹，猛力關上的聲音吧，冬天很容易這樣，半夢半醒間，還提醒自己明天睡前要記得把門關上。轉個身，想要繼續睡，但是心頭一顫，決定還是起身去看看，到底怎麼一回事。

一下床，我就雙腿一軟，直接跪了下來，想要站起來卻全身無力。

我趴在地上，眼前看見有人躺在地上「是王醫師！」我奮力地爬到他身邊，緊張地叫喚著他「你怎麼了？你還好嗎？」王醫師的聲音很微弱，我只聽到幾個關鍵字「打電話」「一氧化碳」「救護車」「中毒」。緊接著，我吐了（這是一氧化碳中毒的徵狀），也終於意識到事情的嚴重性——我們一氧化碳中毒了。

我半爬半走地到客廳找電話撥一一九。

接通後，救護員先跟我確認家裡人數和狀況，並請我打開大門方便救護人員抵達時，第一時間進屋救援。看護阿姨醒了，她有點虛弱，我請她先去大門外候著。我硬撐著身體，去孩子房裡確認他們的狀況。

我大聲呼叫小米幾聲，她都沒有反應，我雙手發抖地繼續搖她的身體，她終於慢慢地張開眼，我把她抱到家門外，安頓在樓梯間，交代看護阿姨顧著她。回頭再去看小麥，他還有意識，只是一副很想睡的模樣。

此刻，救護員已經到了，初步檢查家裡成員的生理狀況後，判定最需要立即送醫的是王醫師，小麥血氧狀況還可以，但一直沒辦法真正醒來（持續呈現嗜睡的樣子，只會偶爾翻身動一下）。在救護員建議下，我陪同王醫師跟小麥先上救護車，小米和看護阿姨狀態與意識還算穩定，就在通風處等待下一趟救護車。我把家裡常備的小型氧氣罐拿出來給小米使用，好盡快把血液中的一氧化碳稀釋掉。

半夜三點多，我們終於搭上救護車，準備前往醫院。

就醫的路上，緊繃的整個人總算可以稍微放鬆，好好思考接下來該怎麼辦。我擔心進了醫院沒時間聯絡，趁著在救護車上的空檔，發了簡訊給花蓮的媽媽和一個好朋友，告知我家的情況。另外，特地告訴好朋友，如果早上起床方便的話，能夠來醫院一趟，幫我處理一些事，畢竟全家都進了醫院，我自己也是病人，實在已經分身乏術了。

阻止不了媽媽想親眼確認的「任性」

到醫院之後，一切還算順利。

早上六點多，好朋友就趕到醫院了，她一直陪著小米，也帶她給醫生看診。小米狀況最輕微，幾乎不需要任何治療與處理，只需要觀察後續反應，沒事的話，就可以回家了。王醫師和小麥血液中的一氧化碳濃度還是偏高，必須進行吸純氧治療，稍晚還要進高壓氧艙繼續治療，加速清除體內的一氧化碳。

接著，媽媽打電話來了。她問了我們在哪一家醫院。依我對她個性的了解，她恐怕是想要立刻馬上自己上臺北一趟。怕她擔心過頭，我盡量把事發過程說得平穩一些，對於王醫師和兩個孩子的狀態也都輕描淡寫。

媽媽還沒等我交代完，就打斷我的話，問「那妳呢？」我心中冒出另一個疑問「我？」對吼，我似乎還沒講到自己，如果媽媽不問，我「又」要把自己忘了。

其實，我們一家到醫院之後，我看著王醫師、小米和小麥都安置好，都開始接受治療，才想起自己根本還沒抽血檢查。一抽血不得了，我的血液中一氧化碳濃度竟然還是偏高很多，卻是最後才治療的那個。

「呃，我一樣在吸純氧治療啊，只是一邊要照顧小麥，很難一直躺著吸純氧，現在……。」媽媽再度打斷我，她說「我等一下就到臺北了。」

我真的想打消她這個念頭，我真的不想她舟車勞頓。

「可是，我晚一點還要去做高壓氧艙治療，妳來的時候，可能會聯絡不到我，而且我沒辦法去車站接你，你知道醫院在哪裡嗎……。」

我擔心媽媽不熟臺北的交通，會變得很麻煩。

『我幹麻要你來接我啦，你放心好不好，我會自己想辦法去到醫院，這個問題不用你擔心，而且我現在已經要上火車了。』

看來媽媽已經下定決心，說什麼都無法轉變她的北上計畫了。

「唉，可是妳這麼臨時才買票，火車會不會沒有位置可以坐啊？」

一年三百六十五天幾乎天天都秒殺的東部幹線車票，媽媽這種臨時買票的人，九成九九沒有位置可以坐，大概只剩站票了。

『妳真的很奇怪耶，為什麼火車沒有座位可以坐，我就不能去臺北一趟呢？我就是要親眼看到我女兒沒事才可以啦！』

媽媽下的決定，一定會做到底，執行力超高的她，從來都是做的比說的更多。那一刻，我只能收下媽媽的任性了。

用行動力證明孩子的重要性

我從高壓氧艙治療結束後，在急診室看見媽媽，看起來應該等很久了。當我們一家的生命狀況都穩定下來，我反倒是擔心起媽媽來了。

「媽，妳真的一路都沒有座位，從花蓮一路站到臺北喔！」花蓮到臺北搭火車最快也要兩個多小時，體力好的年輕人都受不了，何況是上了年紀的媽媽。

「有沒有位置可以坐又不是重點，重點是我要來親眼確定妳沒事。」媽媽說。我一聽，就知道她就是沒有座位，或只能坐在門邊階梯上。我強忍著淚，不敢哭，不只是心疼媽媽一路上很辛苦，還忍住對媽媽感謝又感佩的淚。媽媽沒有用責罵來表達擔心，而是用實際的行動，殺到現場，親眼確認沒事，才是沒事。就像當初我人在國外聽到小米感染腸病毒，第一時間想要馬上飛回臺灣的心情一樣。

媽媽一直陪著我們直到出院回家，才安頓好我們的肚子就說「我要趕回花蓮去了。」原來她看到簡訊時，正好在家裡附近市場忙著擺攤（那陣子她做饅頭做出口碑，大家建議她去市場擺個小攤子），一收到消息，馬上就跑去火車站搭車了，「也不知道隔壁攤老闆娘有沒有幫我收攤子，我得趕快回去看看了。」

「唉唷，我真的比媽媽的攤子更重要喔！」我笑著說。

我第一時間覺得媽媽就是太相信人性了，居然完全不顧生意，攤子丟了就往臺北跑，擺攤又不是擺興趣，東西被偷了怎麼辦。但這次我沒有開口叨念她。媽媽笑了，因為媽媽知道我懂她為什麼要跑這一趟了。

「媽咪，你有多愛我？」小麥每次的發問都很深奧。

「有這——麼愛！」我把雙臂張到最開。

「這麼多而已嗎？」小麥指向我雙臂張開的那個空間。

「當然不只這麼多啦……。」我知道我對孩子的愛不只這樣，但是很難具體表達到底有多少。母愛的重量，很難物化，唯有真實經歷過，才能體會。

我沒問過我媽媽「有多愛我」這種我一說出口，就顯得怪肉麻的話，不過，我一直都知道媽媽看我是很重要的，她總是直接用行動力來證明「愛不只是沒有理由，更不需要推延」。從小我看多了她對上（養父母）的愛不推延，後來我看見她對下（我）的愛也不推延。

7

是母親也是女兒，兩個角色都很重要

我在旅行放鬆，小米得腸病毒受苦，
自責感油然而升，罪惡感揮之不去。
過去我只想著「要女兒過得好」，
從來不曾去想「自己過得怎麼樣」。
媽媽的提醒，讓我驚覺有兩個身分：
「你是媽媽，而你也有媽媽！」

『我怎麼不在妳身邊?』我想對女兒說

二〇一一年四月初，我和王醫師帶著公婆到長灘島旅行，這是一趟孝親之旅，只有小麥跟著，小米留在臺北的家，請我媽媽照顧。孝親旅行來到最後一天，早晨八點半左右，剛吃完飯店早餐，正在整理行李時，我的手機聲突然響起，是一通從臺北家裡打來的國際電話，電話那頭傳來我母親的聲音：「如果小米生病的話，你們通常習慣送她到哪家醫院啊？」

「小米生病了嗎？小米怎麼了？發生什麼事？」

一聽到母親的問題，我忍不住焦急地問了好幾個問題。其實，我跟王醫師一起長時間不在家（如出國）情形很不常見，即使我們不在，還是有看護在，但我媽媽很理解當媽媽的心情，為了讓我安心、鼓勵我多出門，幾乎每次我不在家，她就會放下自己在花蓮的事，跑到臺北來幫忙照顧小米，直到我回家。

母親大概早就料想到我一定會非常激動，所以電話接通的那一刻，她以輕鬆自在的口吻發問，還刻意加了「如果」二個字。但我怎麼可能被呼嚨，早已聽出假設背後的不尋常，當我正打算再問些什麼時，坐在我旁邊的王醫師把電話接過去，以一個小兒科醫師的專業口吻，做初步的問診和指導，當我聽到他說「這可能是腸病毒。」急著想要把電話搶回來，問個清楚，但電話那頭卻已經掛上了。

「我女兒第一次腸病毒，我居然人在幾百公里以外——旅行！」她的身體會有什麼不舒服嗎？家中的看護和媽媽可以照顧好我的女兒嗎？病情到底嚴重不嚴重啊？她的癲癇會不會因此惡化呢？醫院的醫生會怎麼說呢？

我完全顧不得王醫師在耳邊解釋病情，腦中閃過好多好多可怕的情景，從猜測到自責，從自責到猜測。這個關鍵時刻，我為什麼沒能待在女兒身邊。明知道這個年紀的孩子狀況本來就多，我怎麼會這麼粗心，忽略這一點。

即使再過五個小時，就是原訂回程班機時間，我還是拿起手機想要查看看有沒有更早飛回臺北的機位。王醫師倒是顯得一派鎮定，看我慌了手腳，還連忙提醒我：「應該沒有更早的航班了喔！」

是啊，我在一個東南亞的小島上，飛臺北的飛機一天就一個航班而已。但接完那通電話，玩興大減，一行人早早就到機場。

接下來，我的時間走的更慢了，一分鐘像一小時在過。五個小時過去，總算搭上飛往臺北的班機。終於可以回家了，終於可以看到女兒了。

『妳可以放過自己嗎？』母親含淚對我說

將近五個小時的航程，終於抵達桃園機場。傍晚，終於看到女兒了。

小米已經看過醫生，也睡著了。狀況就如同她爸爸在電話裡的專業判斷，腸病毒的症狀算是很輕微的，原則上，只要多休息，定時吃藥，應該沒什麼大礙，很快就會康復了。照理說，我應該要鬆一口氣才是，但是我沒有，都已經餓了一整天了，晚餐我居然一口都不想吃。

母親硬是拉著愁眉苦臉的我坐到餐桌邊，她開口的第一句話就是「妳是不是很擔心自己沒有把小米照顧好？」我覺得她明知故問。

沒等我回應，她又接著問：「妳是不是很擔心小米離開妳？」

我忍不住掉下眼淚，打算用無言回應母親的兩個問題。只是我的母親並沒有打算讓我逃避這個痛，她接著說：「妳以為二十四小時在小米身邊，就是把她照顧好嗎？妳以為二十四小時守著孩子，孩子就不會生病嗎？」

「不要再自責了，妳可以放過自己嗎？」母親含著淚，對我說。

看著母親的淚，我找回自己理性的那一面。真的，就算我時時刻刻待在小米身旁，她也不可能不生病啊。我也不是不知道這個道理。

我以為這只是自己對自己的要求，沒想到卻重重傷害了另一個人——我的媽媽。我這麼想當一個一百分的媽媽，更懂得一個母親要用盡多大的力氣，才能請求已為人母的女兒「放過自己」。

我忘了自己是一個媽媽，也是一個女兒。

我的媽媽會因為我不在乎自己而難過難受。我想當好一個媽媽（照顧好小米小麥），我的媽媽也想當好一個媽媽（照顧好我），但我卻只想到自己是媽媽的身分，卻完全忘記自己同時是另一個好媽媽的女兒。

很奇怪，小米出生之後，很多人擔心我嚴以律己的個性，會讓自己過度緊繃，常告訴我「淑慧，你要放過自己，這樣你才會過得好。」

我一次都聽不進去，我心裡總是想著「我不需要自己過得好，我只要我的女兒過得好。」為了小米的我，可以犧牲奉獻所有。

直到媽媽這番話，我才開始換位思考，換到我的媽媽的那個位置，想到「我必須好好的，媽媽才會放心」，並且真正這樣做。

只要是母親，同樣會捨不得她的女兒過得辛苦，包括「不放過自己」的那種辛苦。將心比心，放過自己，也是放過我媽媽所心疼的女兒。

當媽媽不是考試，不用要求一百分

「不論妳是否有二十四小時待在小米身邊、親力親為地照顧她，妳都是小米最愛的，也是最好的媽媽。妳相信自己是就是，不需要特別證明。」母親堅定地告訴我這些。許多時候我都很清楚知道，當一百分的媽媽是沒有意義的，但是我就是無法放過自己。這一刻，我總算開始放開，因為我聽出來母親的語重心長。

幾年前，在王醫師的堅持下，家裡請了一個看護阿姨，來協助我照顧小米。雖然多了一個人協助，我仍然希望自己在體力能力時間允許下，幫小米做任何事。每天親自幫小米洗澡、洗頭、更衣、吹頭髮、綁頭髮，這是最基本的。

即使小米漸漸長大，體重體型都不比嬰幼兒時期，即使我的手已經不堪負荷而肌腱發炎，我也不假他人之手。看著小米因為我的照顧而滿足微笑，好像就是為我這個一百分的媽媽蓋上一個驗證章。

我一直知道看護阿姨把小米照顧得很好，卻堅持很多事要自己來。王醫師常常說「你幹麻把自己搞得這麼累？」我總是回答「我不累，我沒事。」直到雙手完全抬不起來（肩膀鈣化性肌腱炎）的那一天，我才被勒令停止所有負重工作。

停工的第一天晚上，我在家什麼都不能做，心裡難過極了，還對著小米說「對不起，媽媽手受傷，不能抱你去洗澡，但等一下會幫你吹頭髮！」被王醫師和小麥聽到，他們都說「阿姨會幫小米啦，你不用擔心。」

我的媽媽讓我逐漸知道，以往我擔心的其實不是小米，而是自己——擔心自己不是一百分的媽媽。慢慢放下一百分媽媽的堅持，才發現看護阿姨幫小米洗完澡，整理好後，我躺在她的身邊摸摸她，跟她說話，陪她入睡，她看著我的微笑和以往一樣滿足，並沒有因為我沒幫她洗澡而改變，我依然是她最愛的那個媽媽。觀念的轉變很難，甚至需要付上很大的代價才明白，但這非常必要，也非常值得。

一個母親之所以是孩子最愛的媽媽，不是因為她為孩子做了什麼驚動天地的事，單純是因為她是孩子的媽媽。如同小米是我的珍寶，並不是因為她考了什麼好成績，做了什麼光宗耀祖的事，只是因為她是我的孩子。

我們的身分紮紮實實，我們的關係不需要特別證明，能陪在彼此身邊，能在彼此心中占有一席之地，才是最難能可貴的幸福。

我的媽媽教我不用當「一百分的媽媽」，
因為親子關係不是考試，彼此的身分紮紮實實。
這是 2016 年暑假美西旅遊合影。將近 40 度的高溫，
小米的雙頰晒出「蘋果肌」，紅通通的。

結語

當這樣的小米看見象徵希望的極光

極光，需要等待。幸福，隨遇而安。

追極光是不得不「放慢步調」的一次旅行。

伽利略誤以為極光是大氣層反射太陽光而出現，

以歐若拉（Aurora）創造 aurora borealis（北極光）這個詞。

歐若拉是古羅馬神話裡的黎明女神，

祂會在每一個早晨飛向天空，宣布黎明即將到來。

在希臘文裡，Aurora 則是黑夜轉白天的第一道光，

當曙光乍現，開啟新的一天，也開啟希望。

實際上，極光是在高緯度地區（南北極）的天空中，被地球磁場帶進大氣層的帶電高能粒子和本來就在大氣層中的原子碰撞，而產生的發光現象。然而，幾百年前科學家伽利略的一個美麗的誤會，創造了一個讓人心之嚮往的希望傳說——只要看見極光（Aurora）就能帶來好運。於是，很多人都在期待，有生之年有機會親眼看一次極光。

我也是。

我、王醫師、小米和小麥在二〇一三年的夏天，一起參加一個關於夢想的活動。我和王醫師不約而同地寫下「全家一起去看北極光」的夢想，而小麥寫的則是「想去美國旅行」，當下我們都沒想過，三個人的夢想有一天會一起實現。

「妳試試聯絡洪家輝老師，看看明年二月的極光團還有沒有名額？」二〇一四年十一月，王醫師提議趁著太陽黑子活躍度還算強，肉眼就能見到北極光的機率高的這段時間，帶兩個孩子一起去追北極光。北極光出現的次數和太陽黑子的活躍度有正相關，太陽黑子的活躍度以十一年為一個周期，科學家預估二〇一五年後太陽黑子活躍度將逐年減弱，北極光出現次數也會隨之遞減。

雖然「全家一起去看極光」是我自己因為真心期待而寫下的夢想，但我本來以為就只是個夢想而已，要實踐談何容易。不可能成行的理由在我心中跑過一千個，成真的機率大概只剩百分之零點零幾。

尤其小米的行動不是一般的不便，小麥當時也只有八歲而已，美國阿拉斯加州路途遙遠，他們既沒有長途飛行的經驗（臺北到阿拉斯加最快也要十五個小時，而他們那時最長的飛行紀錄只有五小時），又不曾待過氣溫零下二三十幾度的冰天雪地，而且就算到了有極光之城之稱的費爾班克斯（Fairbanks，阿拉斯加內陸地區最大城市），也不能保證一定能夠看得到。

偏偏不到極地，是完全看不到極光的，所以還是決定多少問看看，搞不好就能抓到一線希望。一開始，我們考量美國人生地不熟，極地氣候要自駕危險性高，所以打算參加一般旅行社的團體行程。不過，旅行社對於我們帶小米同行所提出的一些相關問題，並沒有很積極的回應，甚至在我請接待窗口協助詢問有帶過類似團的導遊，若行程中遇到不方便輪椅前往的景點，有沒有可以等候的地方，或能不能留在車上等時，窗口直接就回應我「或許這個團體行程不適合你們參加吧！」看來，我有第一千零一個不能成行的理由了。

連續問了幾家旅行社，都碰了軟釘子。雖然早就料到會有這樣的結果，還是覺得有點灰心。當我想著乾脆放棄時，王醫師找到另一個可能的方式。他從網路上看到一位追極光達人——洪家輝老師，不只自己追極光已經有將近二十年的經驗，也辦過小型的極光團，帶著同好一起去追極光。王醫師傳給我洪家輝老師的聯絡方式，讓我寫封 mail 去問看看。

我馬上寫了封 mail，告訴洪老師我們家有二個大人和二個小孩想要參加極光團，希望能預約到明年度（二〇一五年）二月份的團。由於先前旅行社聯絡的經驗，信裡我就直接了當的把家中的情形告訴洪老師，也提到小米行動不方便，只能坐輪椅的特殊狀況。想說如果對方覺得不適合，就直接掰掰了，省得一來一往詢問細節，兩邊都麻煩。

很快我就收到洪老師給的回覆了。我們想要的時間剛好還有足夠的名額，可以讓一家四口都參加。洪老師還把行程細節一併提供給我，甚至還直接跟我們約時間，彼此先碰個面聊聊天，讓我們把每一個問題都拋出來。他希望我們是諮詢過後，真的都沒疑問了，再來決定要不要報名。

「如果積雪太深了，輪椅沒辦法前進的話，是不是有適合的地方，讓我們在那裡等候其他的團員呢？」這是一直是我最在意的。我把相同的問題提出來問洪老師，但洪老師的態度跟旅行社窗口卻很不同。他說：「路上積雪當然會剷雪啊，我們都會走鏟過雪的路，因為這樣相對安全。美國有很多使用輪椅的人啦，這根本不是問題嘛。來，下一題。」

「小米的情況跟一般人不一樣，我擔心她受不了低溫環境，沒有辦法長時間待在戶外……。」我的問題都還沒說完，洪老師就一眼看穿我的疑慮，說：「小米受不了低溫，我們大人也會受不了啊，怕冷在戶外可以多蓋幾件毯子，或讓小米在車子裡等，極光出現再讓她下車，有很多配套的方法。而且不用等她受不了，妳自己就會先受不了了啦，所以我都會建議大家先在車上等的。」

接著，我又問了當地的飲食，還有交通、住宿環境等一堆問題，有經驗的洪老師一樣一樣都幫我合理「解答」了，我原本一顆忐忑不安的心，似乎逐漸不再這麼緊張兮兮，也開始期待這個旅程將會如何發展下去。後來，洪老師提到，極光團到了當地，通常會有幾輛休旅車一起行動，一輛由洪老師親自駕駛，其他則多半要找團員自願當司機。

若由其他團員當司機，我們一家四口可能會因為座位安排，分散在不同的車上，所以洪老師唯一希望我們可以配合的，就是王醫師要擔任其中一輛休旅車的司機，跟著洪老師的車跑景點。

他會這麼建議的目的，就是知道我們都希望小米能在爸媽照顧下自在的旅行。還說「雖然，我不知道妳的女兒是否能看見極光，但是你們願意帶著她去追極光，我也願意做我能做的，因為她值得遇見極光。」

聽到他這樣說，我終於體會到只要保有一點點信心，只要一個理由，就能打敗一千零一個不可能。比起一堆人跟我說又不知道小米懂不懂，帶她去很麻煩很浪費之類的煞風景的話，洪老師幾句話就說服我，這趟旅行絕對很值得。

「那還有什麼問題要問嗎？」洪老師大概看我一臉遲疑而發問。

「呃，沒有問題了。」我是真的有點傻掉了。沒想到，我們真的要去追北極光了。沒想到，我們一家三個人的願望，即將一次達成了。那一刻我懂了，問題永遠問不完，重點在於誰願意跟我們一起面對。

二〇一五年二月六日，我們帶齊裝備（包含小米的醫療和生活用品），啟程飛往美國西雅圖（Seattle），再轉機到費爾班克斯，整趟航程小米睡得非常好，小麥也沒有我擔心的不適應。

不過「放慢步調」與「不勉強」是我們旅行能夠持續最重要的心法，第一天為了讓小米適應環境，我與她待在旅館休息，王醫師帶著小麥和其他團員先去探路，並體驗在零下三十度的環境還需要為小米預備哪些東西，才能盡力做準備，其餘的就交給上帝吧。

極光之旅是我目前為止，最難以忘懷的旅行了。
除了是極光出現的難能可貴，還有是跟我一起追極光的人是誰。
上帝給了眾人一個希望的象徵，也給了我最美好的家人。

原本我怕時差對孩子的影響，沒想到時差反而讓行程更順利。追極光活動都是晚上到深夜，一開始我很怕孩子的體力無法應付在半夜的活動，但美國的晚上其實就是臺灣的白天。所以我盡量讓他們在美國的上午（臺灣夜晚）補眠，中午過後，相當於臺灣的白天，再讓他們參加活動。因此，小米和小麥在追極光旅行的十一天裡，不需要特別調整時差，還玩得很盡興。我常跟大家分享，我們家去看極光，最不用擔心的就是調時差這件事了。

極光，需要等待。每一天的夜晚，洪老師都會根據天氣狀況與天文臺發布的資訊，決定是否要外出等待極光。洪老師達人等級的專業，加上我們運氣不錯，此行的每一個晚上，我們都看見極光了。

小米，也需要我的等待。

本來不確定小米是不是能感受極光的美，直到我看著她，把頸部挺地直直的，眼睛直盯著前方的天空，看到出神。我在小米的眼神裡，看見光，看見希望。天空裡不時變換舞姿的歐若拉（Aurora），讓我讚嘆上帝創造宇宙萬物的奇妙。

要遇見北極光，不是件容易的事。若說北極光是上帝創造的美好，世人都極力想要追求，因為遇見它就能遇見幸福。但是身心障礙的孩子，一樣是上帝所造的，卻是世人避之唯恐不及。當這二個極端被造物主同時放在一個時空下，同一個畫面裡，因為是小米，我感受的衝突更加強烈。

那一刻，我想起聖經裡說的「神看著一切所造的都甚好」「神造萬物，各按其時成為美好」。小米的存在曾經讓我質疑上帝的愛和上帝的話，「這樣什麼都不會也什麼都不能做的孩子，真的是美好的嗎？」當我看見躺輪椅裡的小米，和天空舞動的歐若拉，同時出現在一個框裡，我的心裡燃起希望，如同我們的生命裡，雖然有好多的「小米」，卻也有好多的「歐若拉」。**旅行和人生都一樣，有著千種百種各種問題，重點不在於如何避免，而是和我一起面對問題的人是誰。**

當了媽媽，更要練習做自己

拋開對完美的執著，找回人生的主導權

作　　者 | 劉淑慧
選　　書 | 林小鈴
企劃編輯 | 蔡意琪

行銷經理 | 王維君
業務經理 | 羅越華
總 編 輯 | 林小鈴
發 行 人 | 何飛鵬
出　　版 | 新手父母出版・城邦文化事業股份有限公司
台北市中山區民生東路二段141號8樓
電話：02-2500-7008　　傳真：02-2502-7676
E-MAIL：bwp.service@cite.come.tw
發　　行 | 英屬蓋曼群島商家庭傳媒股份有限公司城邦分公司
台北市中山區民生東路二段141號11樓
書虫客服服務專線：02-2500-7718；02-2500-7719
24小時傳真專線：02-2500-1990；02-2500-1991
服務時間：週一至週五上午09:30～12:00；下午13:30～17:00
讀者服務信箱：service@readingclub.com.tw
劃撥帳號 | 19863813　戶名：書虫股份有限公司

香港發行 | 城邦（香港）出版集團有限公司
香港灣仔駱克道193號東超商業中心1樓
電話：852-2508-6231　　傳真：852-2578-9337
電郵：hkcite@biznetvigator.com
馬新發行 | 城邦（馬新）出版集團 Cite(M) Sdn. Bhd.
41, Jalan Radin Anum, Bandar Baru Sri Petaling,
57000 Kuala Lumpur, Malaysia.
電話：603-9057-8822　　傳真：603-9057-6622

內頁排版 | 吳欣樺
封面設計 | 劉麗雪
照片提供 | 劉淑慧
製版印刷 | 卡樂彩色製版印刷有限公司

初　　版 | 2019年06月18日
初版3.5刷 | 2019年08月12日
定價 | 350元
ISBN | 978-986-5752-78-1

城邦讀書花園
www.cite.com.tw
Printed in Taiwan

國家圖書館出版品預行編目資料

當了媽媽，更要練習做自己：拋開對完美的執著，找回人生的主導權／劉淑慧著. -- 初版. -- 臺北市：新手父母, 城邦文化出版：家庭傳媒城邦分公司發行, 2019.06

面； 公分

ISBN 978-986-5752-78-1 （平裝）

1.特殊教育 2.多重障礙 3.親職教育

529.6 108001366